中央财经大学税务学院学者文库

中国公共资金边际成本研究

刘 明 著

中国税务出版社

图书在版编目(CIP)数据

中国公共资金边际成本研究/刘明著.
--北京:中国税务出版社,2017.3
(中央财经大学税务学院学者文库)
ISBN 978-7-5678-0284-1

Ⅰ.①中… Ⅱ.①刘… Ⅲ.①税收管理-成本分析-研究-中国 Ⅳ.①F812.423

中国版本图书馆CIP数据核字(2017)第028643号

丛 书 名:中央财经大学税务学院学者文库
书 名:中国公共资金边际成本研究
作 者:刘 明 著
责任编辑:王静波 王忠丽
责任校对:于 玲
技术设计:刘冬珂
出版发行:中国税务出版社
北京市丰台区广安路9号国投财富广场1号楼11层
邮政编码:100055
http://www.taxation.cn
E-mail:swcb@taxation.cn
发行中心电话:(010)83362083/86/89
传真:(010)83362046/47/48/49
经 销:各地新华书店
印 刷:北京联兴盛业印刷股份有限公司
规 格:787毫米×1092毫米 1/16
印 张:11.75
字 数:196000字
版 次:2017年6月第1版 2017年6月第1次印刷
书 号:ISBN 978-7-5678-0284-1
定 价:30.00元

总　　序

税收是国家组织财政收入的主要手段，是政府改善国计民生、提供公共产品和服务的财力保障，也是政府进行宏观调控、促进经济发展的重要手段。在当前我国社会主义市场经济体制不断完善的进程中，进一步深化税制改革，促进税制结构科学合理，规范税收政策，推进依法治税，不断提高税收征管的质量和效率，对正确有效地调节国民收入分配，促进生产要素流动，引导资源配置，扩大社会就业，推动经济持续健康增长，具有非常重要的意义。作为长期从事税收理论研究及税收教育的专家学者，有义务也有责任肩负起这一历史使命，面对新的世界经济发展形势以及中国特有的社会文化环境，及时跟踪国外最新研究成果，不断拓展研究思路，力求税收理论的突破和创新，以更好地协调税收与经济之间的关系，促进经济社会持续和谐发展。

在中国当代税收教育发展史上，中央财经大学税务学科的发展一直占有重要地位。中央财经大学税务学院①是新中国成立后国内最早建立的税务精英人才培养基地，也是改革开放后最早设立税务专业的高校之一，1985 年成立了全国第一个税务系，2006 年 7 月成立了全国重点普通高校中的第一个税务学院。税务学科是中央财经大学最重要的传统优势学科之一，具有悠久的办学历

① 2016 年，中央财经大学的财政学院与税务学院合并，组建成财政税务学院。

史和深厚的专业学术底蕴。半个多世纪以来，虽历经学科专业调整的风风雨雨，却一直保持着税务专业这个发展平台，聚集着比较稳定的税收研究队伍。在社会各界的大力支持下，经过几代人的努力，中央财经大学税务学院（以下简称税务学院）现已发展为拥有本科、硕士、博士及博士后流动站等多层次税收教育体系，以及国内较为庞大的税收研究与税收教学队伍。承前启后，继往开来，本着“繁荣学术、促进科研、服务社会、展示成果、加强交流、建成品牌”的宗旨，税务学院决定借助学院之平台，围绕税收领域研究之热点，博各位学者研究之专长，出版税务学院学者文库。学者文库每年都将推出一批本院学者的最新学术成果，内容涉及税收理论与政策、税收制度、税收法治、税收征管、国际税收、税收理财、税收文化、赋税史等诸多领域。我们相信，在税务学院老师们的不懈努力和执着追求下，一定能够不断地丰富文库的内容，提高文库的质量，扩大服务的社会知名度。

“路漫漫其修远兮，吾将上下而求索”，税务学院的全体同仁愿在我国税收学术的研究领域不断求索，贡献才智，为我国的社会主义现代化建设和税收事业的发展辛勤耕耘，吞吐大荒。

中央财经大学税务学院

2009 年 6 月 6 日

摘　　要

提供公共服务是政府的主要职能之一。为了提高政府公共服务的效率，需要对政府的财政行为进行成本收益评估。同私人项目的可行性评估一样，一个政府公共服务项目在经济上可行，需要项目的收益大于项目的成本。

但是同私人项目相比，公共项目的特殊性在于，政府主要通过税收等为公共项目筹集资金。而政府在通过税收筹集资金的过程中，会产生一些额外的成本，包括税收的福利成本、纳税成本、管理成本等。这些成本也是公共项目的机会成本，应该在公共项目的评估中予以考虑。只有当一个公共项目的收益大于这个项目的直接成本与通过税收为这个项目筹集资金产生的额外成本之和时，才能认为该项目在经济上是有效率的。但是目前我国使用的政府公共项目评估方法，没有考虑政府为公共项目筹集资金产生的额外成本，不能全面地反映公共项目的成本。

根据笔者研究，美国经济学家 Browning 于 1976 年提出了公共资金边际成本这一概念，用于分析政府通过税收筹集资金的机会成本。公共资金边际成本①是指政府通过税收获得单位额外公

① 最初，公共资金边际成本是指将通过税收、国债、使用费等方式筹集的资金用于公共项目时的机会成本。由于公共资金的主要来源为税收，这一概念更是从支出的角度强调税收等公共资金的成本，同时，通常说的税收的福利成本或超额负担是指具有扭曲效应的税收同总额税相比的效率损失，并不适合用于公共项目的评估。故本书采用公共资金边际成本的概念。

共资金时社会承担的成本。研究这一概念具有两方面的重要意义：第一，用于公共项目可行性评估和研究政府最优规模；第二，用于评估税收效率和研究税制结构优化。从这一概念被提出之后，国外很多经济学家对此进行了大量的理论分析和定量分析，但在国内这一重要概念还未引起足够的重视，相关的研究非常稀少。

财政在国民经济中的地位非常重要，合理的财政规模和税收结构有助于经济持续发展和经济结构优化。目前，学界对我国政府合理规模问题和税收结构优化问题有广泛的争论。但这方面的研究多侧重于经验事实的比较分析，缺乏坚实的理论基础。而关于公共资金边际成本（Marginal Cost of Public Funds，MCF）的研究正好能从经济理论方面为这些问题的分析提供科学依据。因此结合我国税收结构对我国税收的 MCF 进行分析，对于完善我国的公共项目评估方法、确定政府的合理规模、评估税制效率和优化税制结构具有重要意义。

本书首先对国外关于公共资金边际成本的文献进行了详细的综述，对这一领域的研究进行了比较全面系统的总结，包括 MCF 的理论来源、MCF 的产生和早期研究、MCF 理论的完善和发展与 MCF 研究的前沿等。接着对所要研究的主要税种的 MCF 进行了定性研究，分析影响各税种的 MCF 的重要因素，以及在一些特殊情况下税收的 MCF。

其次，本书详细说明了用于定量分析 MCF 的 CGE 模型，包括 CGE 模型的基本结构、数学模块、数据来源、模型校准和模型求解。接着运用 CGE 模型估量了我国税收的 MCF 的值，包括所有税收的 MCF，主要税种的 MCF，各个行业的增值税、营业税①和企业所得税的 MCF；并根据 MCF 的估计值，设计税收的结构优化方案，对这些方案的福利收益进行定量分析；对减税的福

① 2016 年 5 月 1 日，我国全面推开营改增试点。

利收益进行了定量分析。

由于税收不仅有福利成本，还有管理成本、服从成本、逃税成本、避税成本等，本书对这些成本进行了简要的分析总结。同时，在CGE模型估量的MCF基础上，合理设定我国税收的管理成本和服从成本，计算了包含税收的福利成本、管理成本和服从成本在内的我国税收的MCF。

最后，本书使用CGE模型对我国税收的超额负担进行定量估计。

根据本书的研究，仅考虑税收的福利成本，我国税收的平均MCF要大于1.206。如果考虑税收的福利成本、管理成本和服从成本，则我国税收的MCF可能会大于1.264。此外本书的研究还发现，我国各个税种之间以及同一税种不同行业之间的MCF差别较大，这说明我国税制结构优化的空间还很大。研究进一步证明，取消营业税改征增值税会获得较大的福利收益；提高企业所得税的征收率并尽量减少各种不必要的税收优惠，保证企业所得税税率在行业间分布均匀，都会获得较高的福利收益。研究结果还表明，在我国通过减税可以获得较高的福利收益。

目　录

第一章 引 言

第一节 研究动机及研究意义

一、研究动机

税收是政府为公共项目筹集资金最重要的方式，在政府通过税收取得财政收入的过程中，会产生一些额外的成本，包括税收的福利成本、纳税成本、管理成本等，这些额外的成本会随税收的增加而增加，使得财政收入的边际成本呈递增趋势。政府取得财政收入的目的是提供公共服务，与其他经济行为一样，对政府的财政行为必须进行成本效益分析①。

在政府的公共项目可行性评估中，通常使用成本/收益评价法，这种方法因其没有考虑政府为公共项目筹资产生的额外成本，所以不能全面反映公共项目的成本。只有当一个公共项目的收益大于直接成本与这个项目筹集资金产生的额外成本之和时，才认为该项目在经济上是有效率的。按照这样的标准衡量我国过去按照收益和成本之比大于1而通过的项目，很多现在看来都是没有效率的，政府的合理规模要小于目前的实际规模。此外，政府通过不同税种获得的公共资金的机会成本是不一样的，如何设计最优的税制结构，在财政收入一定的情况下最小化税收的成本也是一个非常重要的课题。

近年来，我国政府财政规模趋于稳定，财政收入占GDP的比重、税收占GDP的比重在经历较长时间的快速增长后开始稳定下来（见表1－1）。从我国的税收结构来看，在2016年全面营改增前，增值税和营业税之和占

① 蒋洪，朱萍．财政学［M］．上海：上海财经大学出版社，2000.

税收总额的40%以上，企业所得税占20%左右，个人所得税占7%，这四个税种总额近年占税收总额的70%左右（见表1－2）。

关于我国政府的合理规模、税收结构的优化是政府官员、经济学家和社会各界都广泛关注的重要问题，但这方面的研究多侧重于经验事实的分析比较，缺乏建立在经济理论基础上的定量分析。

表1－1　　　　我国税收占GDP的比重

年份	2010	2012	2013	2014	2015
税收占GDP的比重（%）	17.72	18.62	18.57	18.51	18.22
财政收入占GDP的比重（%）	20.12	21.69	21.69	21.80	22.20

注：①表中数据根据《中国统计年鉴（2016年）》计算。②财政收入包括各项税收和非税收入。非税收入包括专项收入、行政事业性收费、罚没收入和其他收入。

表1－2　　　　我国税收结构

年份	国内增值税（%）	营业税（%）	企业所得税（%）	个人所得税（%）	四个税种占全部税收的比重（%）
2010	29	15	18	7	68
2011	27	15	19	7	68
2012	26	16	20	6	67
2013	26	16	22	7	71
2014	26	15	21	6	68
2015	25	15	22	7	69

注：表中数据根据《中国统计年鉴（2016年）》计算。

在国外，经济学家进行了很多对政府规模和税收结构问题的研究，并取得了重要的研究成果。公共资金边际成本（marginal cost of public funds，MCF）这一概念的提出和对它进行的大量研究，就是这方面的研究中极其重要的一部分。

MCF是指政府通过税收获得单位额外公共资金时社会承担的成本。MCF比较全面地反映了政府公共支出的机会成本，可用于完善公共项目评估方法和研究政府合理规模。政府征税的目的是提供公共服务，政府通过不同税种获得的公共资金具有不同的 MCF，也就是说，不同税种的效率是不一样的。因此，MCF 还可以用于衡量税制效率，为税制改革提供政策建议。

本书对与 MCF 相关的研究进行了系统总结，并运用 CGE 模型对我国税收的 MCF 进行定量分析，研究结果对于研究我国政府合理规模和税制结构改革都具有重要的参考价值。

二、研究意义

Mayshar（1990）① 指出，关于税收的超额负担的研究尽管有很长的历史，但是有关文献一直停留在关于超额负担的定义和测量等问题上，缺少实际应用。他认为，超额负担衡量的概念存在的问题可能是这一概念不能在实际中被应用的重要原因。问题来自这些共同的假设：①把对税收体系的总超额负担的衡量当作基本的概念，而不是研究税制改革引起的额外超额负担；②关于税收补偿让人困惑的假设②；③认为即使在存在其他税收的情况下总额税也不会引起超额负担。

他建议用新的方法衡量超额负担，这种新方法的关键是引进额外超额负担（additional excess burden）或边际超额负担（marginal excess burden）的概念，边际超额负担这个概念可以进一步引出 MCF 这个概念。在详细比较了与超额负担有关的各种概念之后，他认为，在应用税收分析（applied tax analysis）中最有价值的概念是 MCF，应该将 MCF 作为税收分析的基础概念（cornerstone concept）。MCF 的作用主要有两个方面：用于公共项目的评估，税制效率的评估和税制改革设计。他还认为，一些试图提供关于 MCF 的经验估计值的研究文献，应被视为公共财政最受欢迎的研究方向之一。

本书主要是对我国税收的 MCF 进行定量分析。具体来说，MCF 的研究意义有以下几个方面。

（一）从概念上讲，MCF 能够沟通财政学关于政府收入和支出的研究

通常的财政学研究，分析政府支出时没有考虑政府收入的特殊性。MCF 将政府的收入和支出两者结合起来考虑，更符合政府收入和支出的特

---

① Mayshar Joram. On Measures of Excess Burden and Their Application［J］. Journal of Public Economics，1990，43：263 – 289.

② 在运用模型估量扭曲税的超额负担的时候，通常将扭曲税的税率设定为 0，然后增加总额税保持政府财政收入不变，计算此时社会福利的增加，增加的福利即为原来税制存在的超额负担。由于实际上不可能通过总额税替代扭曲税，这样计算的超额负担的实际价值是有限的。

征。正如 Slemrod 和 Yitzhaki（2001）指出，在 Musgrave 和 Musgrave（1989）的经典教材里，他们对公共财政对于政府的支出和税收两者研究的分裂表示遗憾："尽管好的经济分析要求将两者联合起来考虑，但实践却是对这两个方面分别进行处理。"对于这种分裂有一个著名的例外，即公共品的最优供给应该在何种程度上，因需要通过征收具有扭曲效应的税收为公共项目筹集资金而调整。

（二）可用于对税种效率进行比较

MCF 是通过税收筹集公共资金的机会成本，或影子价格。MCF 较高的税种相对是比较无效率的，而 MCF 较低的税种相对是比较有效率的。

假设政府通过 T_1 和 T_2 两个税种获得财政收入，如图 1－1 所示，在基期，政府通过 T_1 获得的财政收入为 OA，通过 T_2 获得的财政收入为 OC，此时税种 T_1 的 MCF 为 MCF_1，税种 T_2 的 MCF 为 MCF_2，$MCF_1 > MCF_2$。假设政府增加 x 单位的税收，如果通过 T_1 征税，令 $AB = x$，如果通过 T_2 征税，令 $CD = x$。通过 T_1 征税，造成的社会成本等于 $ABEF$ 的面积；通过 T_2 征税，造成的社会成本等于 $CDHG$ 的面积。显然，在现有水平下，税收 T_2 是比较有效的筹资方式。

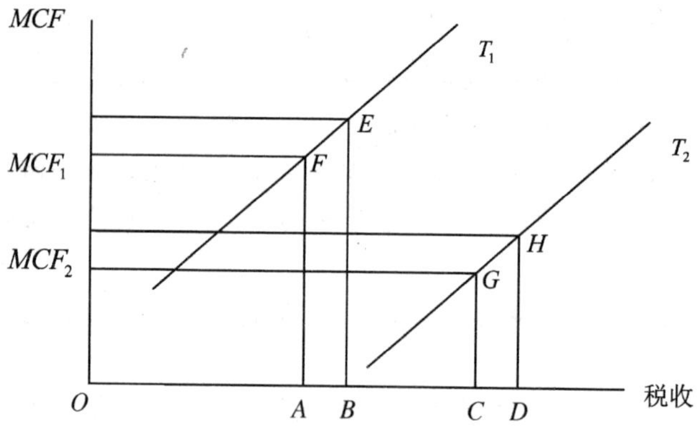

图 1－1　不同税种的 MCF

（三）可用于税制改革方案的设计和评估

每个国家的政府都希望在征收给定数额税收的条件下，最小化税收的社会成本。如果现有税制各税种之间的 MCF 不相等，通过提高 MCF 较低的税种的税率，同时降低 MCF 较高的税种的税率，可以在保持财政收入不变的条件下，减少税收的成本。从理论上讲，只有当所有税种的 MCF 都相等时，从效率的角度看税制才达到最优。

如图 1－2 所示，当前税种 T_1 的 MCF 为 MCF_1，税种 T_2 的 MCF 为 MCF_2，如果减少税种 T_1 征收的税收，同时通过税种 T_2 增加等额的税收，直到税种 T_1 和税种 T_2 的 MCF 都相等，即都等于 MCF_0，此时社会可获得的净福利收益为 $HRKA-CPSJ$。

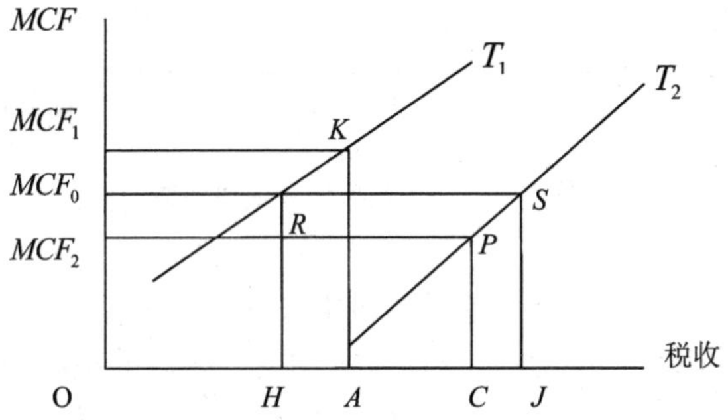

图 1－2 MCF 与最优税制

（四）可作为公共项目评估的重要参数

如果公共项目的资金是用税收来筹措的，项目的成本应该考虑税收造成的额外成本，即在税收的基础上乘以 MCF，这样才能比较全面地反映项目的成本。

图 1－3 可以说明如何将 MCF 放入政府公共项目评估中去。

MC_n 是没有扭曲的税收的 MCF，MC 是扭曲税在当前的征收水平下的 MCF。如果政府的某个公共项目的边际收益曲线为 MB_{x1}，如果使用无扭曲的税收，这个公共项目的最优水平为 X_2。如果使用扭曲税，则公共项目的最优水平是 X_1；如果公共项目的边际收益曲线为 MB_{x2}，且只能通过扭曲税为公共项目筹资，则这个公共项目的最优水平为 0。

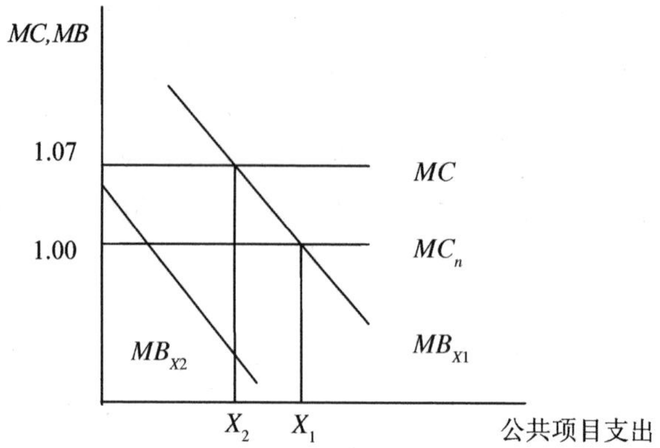

图 1－3　MCF 与公共项目评估

（五）可作为分析政府合理规模的重要参考依据

Feldstein（1997）认为："任何国家的公共财政的核心问题都是政府的适当规模问题，经济学家虽然不能给这个问题提供答案，但能够帮助政治家和公众用正确的方式分析问题，帮助提供一些关键参数的估计值，以便决策建立在充分的知识基础上。"。实际的政府规模的决定有很多非经济的因素，但税收的效率因素是不可忽视的。定量的 MCF 估量有利于政府和公众全面认识政府公共支出的成本，从而选择适当的政府规模。

为从效率的角度分析政府的合理规模，需要引进另一个概念，公共项目的边际收益（marginal benefit from public projects，MBP）①，即政府增加单位支出的社会收益。如图 1－4 所示，横坐标为政府规模（即政府收支水平），纵坐标为在不同政府规模下的 MCF 和 MBP。当 $MCF > MBP$ 时，减少政府规模，社会福利会增加；当 $MCF < MBP$ 时，增加政府规模，社会福利会增加。只有当 $MCF = MBP$，政府规模才达到最优。②

① 这个概念出自 Slemrod and Yitzhaki. Integrating Expenditure and Tax Decisions: The Marginal Cost of Funds and the Marginal Benefit of Projects［J］. National Tax Journal, 2001, 54.

② 当 MCF 用于评估公共项目时，针对的是某个具体的项目；而 MCF 用于分析政府合理规模时，是从政府所有项目支出的角度来考虑。

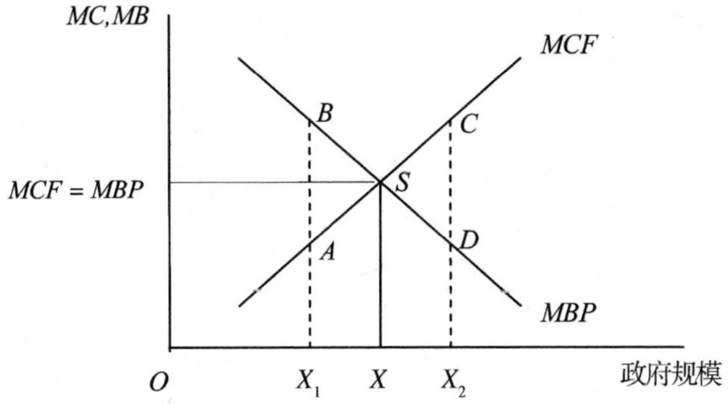

图 1-4 MCF 与政府规模

第二节 文献综述

关于 MCF 的研究已经有 30 多年的历史，在 MCF 产生以前，对于相关问题也有很多研究，本节对这方面的文献进行系统的总结，试图理清关于 MCF 研究发展过程，为国内进行相关研究提供参考资料。

一、MCF 概念产生前的相关研究

在 MCF 概念产生以前就有很多相关的研究，这些研究的积累为 MCF 概念的产生奠定了基础，同时也影响了 MCF 概念产生之后进一步研究的方向。概括来说，MCF 有两个理论来源：第一个是关于公共产品的最优规模理论；第二个是关于税收超额负担理论。

（一）公共产品的最优规模理论

Feldstein（1997）指出，任何国家公共财政的核心都是政府的适当规模问题。财政学首先就是要研究政府和市场的边界，即哪些应该由市场去做，哪些应该由政府去做。政府的合理规模的内涵就是政府应该提供多少公共品。

Samuelson（1954）分析了公共品的最优供给理论。Samuelson 证明，公共品供给帕累托最优的一个必要条件是公共产品与私人产品之间的边际替代率（marginal rate of substitution，MRS）之和等于公共产品与私人产品之间的边际转化率（marginal rate of transformation，MRT），即 $\sum MRS = MRT$。这一理论提供了关于公共产品最优供给研究的理论基础。该理论成立的条件依赖于政府筹资方式对经济行为没有影响。但现实中政府通常使

用的筹资方式是扭曲税，会产生额外的成本。因此上述最优条件需要修改，以反映政府税收的成本对政府最优规模的影响。

Pigou（1947）最早认识到这点，他指出："税收产生的间接损失，应该加到通过税收征收单位资源的直接损失中。一般而言，政府支出不应该达到政府的资源边际使用效用与公民的资源边际使用效用相等的规模。"但他并没有对这一思想作出形式化的表述。

Stiglitz 和 Dasgupta（1971）发表了关于最优税理论的一篇基本文献。他们在模型中假定消费者从私人品和公共品的消费中获得效用，政府在通过一组扭曲税获得一定数量的税收限制下，最大化消费者的效用。他们在该模型设定下推导了出公共品的最优供给公式。他们没有使用 MCF 的概念，相关的部分被定义为"因增加额外税收消费变动的价值"（the value of the change in consumption from the required additional tax）。他们认为，在某些条件下，这一项可能小于 1，Pigou 的结论可能不成立。但他们没有对这个结果进行充分的分析，而且他们没有说明他们的结果依赖于税种的类型。

Atkinson 和 Stern（1974）试图澄清 Stiglitz 和 Dasgupta（1971）的结论，他们区分了税收的扭曲效应和收入效应，解释 Pigou 的直觉出错的原因是因为他没有考虑税收的收入效应，劳动所得税的收入效应与替代效应对劳动供给的作用效应相反；并指出了被 Pigou 忽视因素，即公共品与私人品之间存在替代或互补关系对政府税收的影响。他们进一步分析了在这些条件下运用扭曲税时公共产品的最优水平。

他们的研究对于 MCF 的研究具有重要影响，但他们都没有使用 MCF 的概念。而且他们的研究都是理论分析，没有定量的分析结果。

（二）税收超额负担的理论

对于税收超额负担的研究已有很长的历史。Adam Smith（1776）就已认识到，政府税收导致的私人成本要高于税收收入。他把高出的成本分为税收的服从成本、税收对经济活动的扭曲成本和税收的管理成本。税收对经济活动的扭曲成本即后来所说的超额负担。Dupuit（1844）最早给出了计算税收超额负担的方法，他指出："如果已知税收带来的消费变化，那么就会发现效用损失的上限等于消费变化量与税率乘积的一半。"Hotelling（1938）得出了同样的结论。但直到 20 世纪 50 年代以后，随着数量经济学的发展，才具备了对税收的超额负担进行深入定量分析的条件。Harberger（1964）运用二阶近似法（second-order approximation）推导了超额负担的计算公式，即著名的"福利损失三角形"公式。他最早对美国税收的超额负担进行了定量分析。

Musgrave（1969）建议在公共项目的成本收益分析中将 Harberger 对劳动和资本的平均福利成本的估计加到税收的直接成本中。但是，只有税收的边际福利成本才和项目的成本收益的比较分析相关，税收的平均超额负担并不适合用作公共项目的评估。正如消费者是否消费一个商品，需要比较商品的边际效用与市场价格的关系；生产者是否生产一件商品，需要比较这件商品的边际成本与市场价格的关系；政府是否增加公共支出，需要比较的应该是单位公共支出的边际效益和单位公共支出的边际成本的关系。

Campbell（1975）提出了 MPDL（marginal proportional deadweight loss）的概念，并估量加拿大商品税的 MPDL 为 0.2481。他还指出了由于没有考虑外部性、分配效应等因素，研究的结果具有一定的局限性。但他并没有指出 MPDL 对于公共支出的影响。

二、MCF 概念的产生与早期研究

Browning 于 1976 年在美国著名的政治经济学杂志（Journal of Political Economy）最早提出了 MCF 这一概念。他指出，有很多理论和经验研究对税收的福利成本进行分析和估量，但很少有研究注意税收的福利成本对于分析公共支出的重要性。如果为公共支出融资会产生额外的福利成本，这个成本就应该被看作公共支出的机会成本。也就是说，如果政府花费 100 美元，机会成本是 100 美元加上获得 100 美元资金的额外福利成本。因此，一项支出仅当它的收益至少超过直接的成本加上获得这项资金的额外福利成本才是有效率的。

Browning 指出，一些经济学家已经认识到税收的福利成本在分析公共支出方面的重要性，包括 Pigou（1994）、Buchanan 和 Tullock（1965）、Vickrey（1963）、Johnson 和 Pauly（1969）等人，同时他在指出 Musgrave（1969）贡献的同时也指出了 Musgrave 的错误，认为只有边际福利成本才和公共项目的成本收益分析相关。

Browning 进而提出了 MCF 这个概念，MCF 是指直接的税收成本加上获取税收收入的边际福利成本（The direct tax burden plus the marginal welfare cost produced in acquiring the tax revenue）。Browning 指出，估量 MCF 的主要作用是用于评估公共支出，MCF 是政府支出的机会成本（the marginal cost of public funds is the social opportunity cost of government spending）。

Browning 基于 Harberger（1964）超额负担的公式，运用局部均衡分析方法估量美国劳动所得税的 MCF 为 1.09～1.16。他认为，在美国，政府支出只有比私人支出的效率高 0.09～0.16 才能产生净福利收益。Browning 还进一步分析了税制具有累退性和累进性时 MCF 的估计方法。

由于 Browning 对 MCF 这个概念的内涵和作用的清晰定义，他的研究受到了极大的关注。此后，很快出现大量关于 MCF 的研究文献，从理论上和定量上进一步深化了对 MCF 研究。

运用一般均衡分析方法对 MCF 进行定量研究最著名的是发表在美国经济评论（American Economic Review）的两篇论文，作者为 Stuart（1984）和 Ballard，Shoven 和 Whalley（1985）。Stuart（1984）指出了 Browning（1976）研究方法的 3 个缺陷：第一，Harberger 公式仅对于无扭曲的、具有线性生产边界的经济才是精确的，显然，无扭曲的条件与实际经济存在显著的扭曲税是不相符的，而鉴于文献关于总生产函数替代弹性的研究，线性生产条件是不可能的。第二，最重要的问题是，Harberger 公式在概念上不适合估量边际超额负担。Harberger 公式正确地估量了不能使用总额税的成本，然而，征税的目的是用于公共支出，为了计算增加额外税收的超额负担，应该比较经济从增税前的均衡到增税用于公共支出后的均衡两者之间效用和税收的变化，而 Harberger 公式比较的是未扭曲的均衡和一个假设的补偿性均衡。第三，尽管 Browning 计算了当税收减少劳动供给产生的福利损失，他假定税收增加不会减少税基①。

Stuart 认为，所有这些问题都可以在一个简单的一般均衡框架下解决，且一般均衡方法能够提供政府支出的类型和其他政策或结构参数影响边际超额负担的信息。Stuart 构建了一个简单的两部门一般均衡模型，用于估量美国税收的 MCF，他研究了 MCF 如何随政府支出类型或其他结构参数变化而变化。

Ballard 等人（1985）建立一个多部门动态 CGE 模型用于估量美国税收的边际福利成本，他们在模型中细致地说明了将美国的主要税种嵌入模型中的方法，并估量了美国所有税收的边际福利成本和主要税种的边际福利成本。相对于 Stuart 的两部门一般均衡模型，Ballard 等人（1985）使用的模型嵌入更多实际经济信息，他们的研究结论也更加丰富。但由于模型的复杂性，很难对 MCF 的估量结果的影响因素进行分析。Fullerton 和 Henderson（1989）运用同一个模型分析美国资本税的边际福利成本，与 Bal-

① Browning（1987）对这里指出的局部均衡分析方法存在的第三点缺陷进行了修正。

lard 等人（1985）使用平均税率计算边际福利成本不同的是，他们使用的是边际税率。

Browning（1987）对局部均衡分析方法进行了完善，并分析了非线性的劳动所得税的情况。他认为，尽管在同等条件下，一般均衡方法比局部均衡方法更受欢迎，但局部均衡方法具有容易理解的优点；他还认为，局部均衡和一般均衡方法在估计上的差别，都可以归结到对关键参数的不同假设上，重要的可能不是发展更精致的方法去产生更好的估计结果，而是对关键参数进行经验性的研究以缩小参数的范围。

这期间，还有一些学者分析了影响 MCF 的许多因素，对于进一步深入界定 MCF 的概念内涵具有重要意义。Wildasin（1984）运用局部均衡分析方法分析了公共支出与消费和闲暇存在互补或替代关系时 MCF 的估量方法。他认为，公共支出的福利评估应考虑增量公共产品供给对被征税的商品的影响。Usher（1986）将避税引入对 MCF 的分析。

三、MCF 理论的完善和发展

（一）MCF 概念的澄清

由于 MCF 涉及的几个概念都有与之相似的概念，早期的一些研究没有很清楚地界定 MCF，再加上研究 MCF 运用的方法不同，出现了各种不同的定义方法，故而定量研究的结果存在较大差异。20 世纪 90 年代，一些经济学家开始对此前关于 MCF 的研究进行综合，逐步明晰了 MCF 的概念，对 MCF 的概念才有了比较一致的认识。

Triest（1990）指出了价格基数的选择对于 MCF 的计算和应用的重要性。他指出，由于项目成本收益评估通常以当期消费者价格计算，MCF 仅依赖于未补偿价格弹性，而超额负担依赖于补偿价格弹性，超额负担通常以未扭曲价格定义，因此，如果用边际超额负担计算 MCF，就会产生价格指数问题。

Fullerton（1991）指出了 Stuart（1984）、Ballard 等人（1985）和 Browning（1987）三者概念上的差异。他指出，在计算福利方面，Stuart（1984）使用的是消费者剩余（consumer surplus，CS），Ballard 等人（1985）和 Browning（1987）使用的是等价性确定量（equivalent variation，EV）。不过 CS 和 EV 在税率的边际变化上是等价的，三者真正的差别在计算政府税收变化上，Stuart（1984）和 Ballard 等人（1985）在计算税收时使用的是平均税率，而 Browning（1987）使用的是边际税率。他还指出，Browning（1987）比较的是劳动所得税和总额税相比时的扭曲效应，而没有考虑税收的收入效应。

Ballard（1990）运用 Musgrave（1959）的概念，区分了两种不同的研究 MCF 的分析方法，即 differential-incidence 分析和 balanced-budget 分析。在 differential-incidence 分析中，税收总量保持不变，这种方法比较的是扭曲税和总额税，由于两种税收有同样的收入效应，结果只反映扭曲税的替代效应，故使用这种方法主要依赖于被征税商品的补偿性需求弹性；在 balanced-budget 分析中，政府通过扭曲税为公共产品融资，政府支出水平和扭曲税水平都发生改变，这种方法主要依赖于被征税商品的未补偿性需求弹性。

Ballard 和 Fullerton（1992）进一步进行了详细的研究，认为 Pigou、Harberger 和 Browning 采用的是 differential-incidence 分析，这种方法主要关注的是税收的结构，而不是税收的水平，它估量在给定的政府支出水平下税收的效率，这种方法一般不适合用于政府支出是否应该增加的成本收益分析。但如果边际公共项目是总额转移支付，或者政府提供的公共品与私人品或现金是高度可替代的，这种方法估量的 MCF 用于对这些项目的评估是合理的。Stiglitz 和 Dasgupta（1971）、Diamond 和 Mirrlees（1971）、Atkinson 和 Stern（1974）采用的是 balanced-budget 分析，这种方法计算的是运用税收为新增政府支出筹资的效应，这种方法更适合用于 MCF 的估量。

Browning、Gronberg 和 Liu（2000）通过复杂的数学推理，认为这两种方法其实是等价的，都可以用于对公共支出的成本收益评估，关键要理解政府支出的效益在这两种方法下如何估量。differential-incidence 分析采用的是税前价格，政府支出的效益如果以税前价格衡量，则该方法也可用于公共支出成本收益评估；balanced-budget 分析采用的是当前价格，政府支出的效益如果以当前价格衡量，则该方法可用于公共支出成本收益评估。一般而言，政府支出的效益都是以当前价格衡量的，所以对于成本收益分析，采用 balanced-budget 分析是比较恰当的。

（二）MCF 分析方法的发展

Browning（1976，1987）的局部均衡模型存在技术上的缺陷。比如，增加税收会影响劳动和资本的供给，改变劳动和资本的相对比率，进而改变资本和劳动的相对价格。运用局部均衡模型分析 MCF 时，需要假定要素价格不变，否则会产生误差。而 Ballard 等（1985）等使用的 CGE 模型由于模型本身的复杂性，不利于分析 MCF 和关键参数之间的关系。

Mayshar（1991）建立了一个一般均衡分析模型用于研究 MCF，试图解决这一问题。他在模型中假定效用函数是弱可分的（weakly separable），公共产品不会影响消费与闲暇。他着重分析了如何处理边际公共支出效应的影响，认为不应该把它归结到增加税收的边际成本中去，而应该把它归结到收益方面。

Snow 和 Warren（1996）建立了一个效用函数更一般的一般均衡分析模型，用于研究 MCF，并对以前的研究进行了综合。Sandmo（1998）和 Dahlby（1998）将 Snow 和 Warren（1996）的模型扩展到多人模型①，分析了收入分配对 MCF 的影响。

（三）关于 MCF 作用的争议

Kaplow（1996）认为，假如劳动者通过劳动所得税支付额外的税收，这些税收用于公共支出，如果每个劳动者从相应的公共支出中得到的收益的价值恰好等于他支付的税收，即新增的公共产品在分配上是中性的，那么税收并没有改变纳税人的劳动收益，此时，扭曲税对劳动供给没有影响，通常的 Samuelson 法则能被用于衡量公共产品的支出，公共项目的评估只需要收益成本比率大于 1 即可，不需要因为税收的扭曲效应而改变。如果新增的公共产品在分配上不是中性的，公共产品的分配体现了分配收益（即因社会变得更加公平，社会福利提高），可以抵消扭曲成本。

Browning 和 Liu（1998）认为，Kaplow（1996）对于税收扭曲的定义是不恰当的，Kaplow 将税收不会影响劳动供给与税收无扭曲等价起来，目的就是证明公共产品能通过更高的收入税融资同时不影响劳动供给。正如不能说如果消费者在有垄断企业生产的条件下的福利高于没有产品供给的情况，就可以说垄断没有福利损失。劳动供给在税收增加的条件下不变，并不能说明税收没有扭曲，有没有扭曲应该同总额税相比。

Ng（2000）认为，Kaplow（1996）提出了在税收的数量分析中的一个被忽视的方面，既税收的分配效应。应该既考虑公共支出和税收的激励效应，又考虑公共支出与税收的分配效应。但他没有给出一个分析框架。

Slemrod 和 Yitzhaki（2001）提出，MCF 概念需要补充一个与公共支出成本相对应的公共支出收益概念，即公共项目边际收益（marginal benefit from public projects，MBP）、公共支出的产出效应、公共产品对私人产品的影响都应该归到 MBP 中去，MCF 集中反映税收的效应。这实际上是 May-

① 通常的一般均衡模型，采用典型消费者假设，用一个消费者代替所有消费者，在 Sandmo 和 Dahlby 中，假设存在几类消费者。

shar（1991）思路的延续，也是对 Ng（2000）思想的模型化。

Gahvari（2006）运用机制设计的方法（mechanism design approach）分析了劳动所得税，以解释和阐明 Kaplow 的结论，证明使用 MBP 这一概念对于 MCF 的意义。

（四）公共项目的生产成本与 MCF

Liu Liqun（2004）分析了税率变动影响公共项目的生产成本时的 MCF。他认为，税率的变动会影响生产要素的价格，进而会影响政府公共项目的生产成本，在计算 MCF 时需要考虑这种效应。

Liu 将 MCF 引进公共项目的成本收益分析，用于衡量公共部门投入的机会成本，即公共支出的影子价格包含一个净财政收入部分和私人收入部分。净财政收入部分是指当政府公共支出额外增加一单位时，政府对净财政收入增加的要求。私人收入部分反映当公共支出额外增加一单位时，由于一般均衡效应，投入价格变动导致的私人收入增加。Liu 证明净财政收入应该乘以政府的 MCF，以反映财政收入的社会机会成本。

四、MCF 研究的前沿

随着对 MCF 研究的深入，越来越多的问题被引入到分析中。包括税收的收入分配效应对 MCF 的影响、税收的其他成本对 MCF 的影响、国债的 MCF、MCF 在分析政府间财税关系中的作用等。这方面的理论虽然取得了一定的进展，但还不完善，本节对目前这些方面取得的研究成果做一些简要的介绍。

（一）考虑分配权重的 MCF

每个社会都关注税制对分配的影响，政府使用扭曲税主要是出于对分配公平的关注；如果不关注收入分配，政府可以使用无扭曲效应的总额税。一般认为，由穷人负担的税收的社会成本更高，从社会的角度来看，向富人征收一单位税收的福利成本要高于向穷人征收一单位税收的成本。因此在估量 MCF 时需要考虑分配效应。下面介绍 Slemrod 和 Yitzhaki（2001）考虑分配权重的 MCF 公式。

假定经济中有 n 种商品，其中第 i 种商品价格为 p_i；H 个家庭，其中家庭 h 的总收入是 I^h，购买 x_i^h 单位商品 i，家庭的预算约束为 $\sum_{i=1}^{n} p_i x_i^h = I^h$。家庭 h 的效用水平用间接效用函数表示，为 $V^h = V^h(p, I^h, G)$。假定社会福利函数为 $S = S(V^1, V^2, \cdots, V^H)$。社会对家庭 h 收到一单位收入赋予的价值系数为 $\beta = \left(\frac{\partial S}{\partial V^h}\right)\left(\frac{\partial V^h}{\partial I^h}\right)$。家庭 h 消费第 i 种商品的份额为

$\alpha^h = \frac{x^h}{X_i}$。消费份额加权的分配权重为 $W_i = \sum_{h=1}^{H} \alpha^h \beta^h$。

则考虑分配权重的 MCF 为：

$$SMCF = \frac{-\mathrm{d}S/\mathrm{d}t_i}{\mathrm{d}R/\mathrm{d}t_i} = \frac{-\sum_{h=1}^{H} \frac{\partial S}{\partial V_h} \frac{\partial V_h}{\partial I^h} \frac{\mathrm{d}I^h}{\mathrm{d}t_i}}{\mathrm{d}R/\mathrm{d}t_i} = \frac{\sum_{h=1}^{H} \beta^h x^h}{\mathrm{d}R/\mathrm{d}t_i}$$

$$= \frac{X_i \sum_{h=1}^{H} \alpha^h \beta^h}{\mathrm{d}R/\mathrm{d}t_i} = W_i MCF_i$$

（二）将税收的其他成本包含进 MCF

税收不仅会产生福利成本，在税收的征收过程中还有税收的管理成本、服从成本、避税成本和逃税成本，这些成本都会提高 MCF，目前几乎所有的对 MCF 的定量分析的文献都只考虑税收的福利成本。Slemrod（1996）给出了一个全面计算 MCF 的分析模型，本书第五章将会使用这个模型研究我国税收的 MCF。

将税收的避税成本引入 MCF 的分析已经有较多的文献，Feldstein 在这方面做出了突出贡献。Feldstein（1999）将避税成本引入税收的成本分析，通过局部均衡模型计算，认为在美国，政府每增加 1 美元税收，居民减少的福利约为 3 美元，远远高于通常仅考虑税收对工作时间和劳动参与的影响时计算的 MCF①。在方法上，Feldstein 也做出了突出贡献。研究个人收入所得税的福利损失的传统方法是将注意力集中在所得税税率对劳动供给和资本积累的影响上。Feldstein 指出，所得税的福利成本要远高于通常的估计，因为传统框架没有考虑劳动者改变报酬形式（如个人所得税提高导致雇主提供更好的工作条件取代现金支付）和消费结构（如个人所得税提高导致劳动者消费更多在计税时可以扣除的项目）的避税效应，虽然报酬形式和消费结构的变动不能直接测量，增加对可抵扣项目的消费的福利损失也很容易计算，但关键是要认识到所得税不会改变闲暇和税收优惠项目的相对价格。Feldstein 证明，应税收入对税后净收益份额的补偿性弹性（compensated elasticity taxable income with respect to the net-of-tax share）提供了所有需要评估所得税福利损失的信息。

① Ng（2000）认为，如果高税收导致人们在一些社会鼓励消费的项目上花费更多，如慈善捐助和健康保险等，不会产生超额损失，而 Feldstein（1997）在计算行为反应弹性时将此类项目包含在内，高估了税收的福利成本。

Feldstein 的研究中的关键概念——应税收入对税后净收益份额的补偿性弹性，受到经济学家的极大重视，很多经济学家对此进行了细致的分析和定量研究，Saez、Slemrod 和 Giertz（2009）对这方面的研究文献进行了综述。

（三）各种市场条件下的 MCF

经典的 MCF 研究都假设完全市场条件，但实际经济中，市场不完善的情况是很常见的，在这些条件下，MCF 和完全市场条件相比具有哪些特征，一些经济学家进行了这方面的研究。

Browning（1994）考虑了各种非税扭曲（non-tax wedge）对 MCF 的影响，认为非税扭曲除本身会产生福利成本外，还会增加税收的福利成本，并计算了几种非税扭曲条件下税收的 MCF。

Freebairn（1995）分析了工资黏性和非自愿失业条件下（sticky wages and involuntary unemployment）工资税的 MCF。Freebairn 认为，在工资黏性和非自愿失业条件下，MCF 的决定因素是黏性工资对税率增加的反应（the response of sticky wages to a tax increase）、劳动需求弹性（elasticity of demand for labor）和失业率（unemployment gap）；而通常的 MCF 分析模型集中在劳动供给弹性上。

Lockwood（2003）分析了不完全竞争条件下的 MCF 和最优商品供给。Lockwood 使用一般均衡条件下的 Bertrand and Cournot 竞争均衡模型，由于在这种模型中生产者不会随便改变产出，故而通常的想法，即市场竞争不完全的程度越高 MCF 的值越大，公共品的最优供给越低，并不是完全正确的。

Allgood 和 Snow（2005）还考虑了存在人力资本积累条件下税收的 MCF。Allgood 和 Snow 建立了一个包含内生人力资本和物理资本投资的完全预期的代际叠代模型（a perfect foresight, overlapping generations model with endogenous human and physical capital investment），在这个框架下计算税收和公共支出的边际变动的福利成本（welfare costs for marginal reforms of taxation and public spending）。研究发现，福利成本一般低于人力资本和物理资本固定的静态模型。静态模型结果偏高主要是因为在静态模型中人力资本固定，福利成本主要是从更低的有效劳动供给中的税收漏出（welfare cost of predominantly tax leakage from lower effective labor supply）。但在动态模型中，时间在教育和劳动间的再分配让有效劳动不变（rellocating time between education and labor can leave effective labor supply unchanged），即税

收可能增加人们的教育时间从而提高人力资本。因此，人力资本的调整对于边际福利成本有重要的缓解作用（adjustments in human capital have an important mitigating influence on marginal welfare costs）。

这些研究拓展了 MCF 的研究范围，对于理解各种条件下税收的效率具有很大的贡献，很多研究沿着他们的思路进一步深入下去。

（四）国债的 MCF

政府通过发行国债筹集资金，虽然最终还是要靠税收偿还，但这种方式和直接通过税收筹集资金相比有自身的特征，产生的经济效应同直接通过税收相比也有所不同。Dahlby（2003，2008）对国债的 MCF 进行了初步的探索性研究。

国债通过财富效应和扭曲税效应两种途径产生额外成本。所谓国债的财富效应是指国债降低了私人储蓄和长期的资本存量，即通常所说的国债的"挤出效应"，导致后代的福利损失，但发行国债时的当代人的福利会从国债的发行中获得福利；所谓国债的扭曲税效应是指政府未来需要增加扭曲税偿还国债的本金和利息，扭曲税会产生福利损失。由于目前对国债的挤出效应还存在一些争议，所以关于国债的 MCF 的进一步研究有赖于对国债的挤出效应的研究。

（五）MCF 和政府间财税关系

Dahlby（2005，2008）对 MCF 和政府间财税关系进行了开创性的研究。运用 MCF 从一个新的角度对政府间财税关系进行了重新思考。

很多国家不同层级政府都有征税权，不同层级政府征收的税收的 MCF 是不一样的。从理论上讲，只有当一个国家内各级政府征收的税收的 MCF 都相等时，税收的成本才达到最小化。MCF 理论对政府间财税关系的重要贡献是澄清了一些习惯使用的说法，对政府间财税关系进行了具有经济学意义的重新定义。

首先，分析政府财税的垂直不平衡关系。传统的垂直财政不平衡的定义是指政府支出责任与可获得的税收之间的不匹配，这种定义只具有账户意义，缺乏规范理论的基础，"一个层级的政府的收入应该等于支出"这一说法没有任何经济理论的基础。要衡量某一层级政府的税收和支出是过高还是过低，需要依赖于经济学的概念。在任何资源配置的经济模型里，资源分配最优的标准是边际成本与边际收益的比较，而不是收入与支出的比较。运用 MCF 的概念可对政府财税的垂直不平衡关系进行重新定义：如果不同层级的政府征收的税收的边际成本不相等，则存在财政垂直不平衡。这个定义提供了衡量某一级的政府税收是否过高还是过低的效率标准。政府资源配置的效率要求各级政府的 MCF 相等。

其次，分析政府财税的水平不平衡关系。运用 MCF 的概念可对政府财税的水平不平衡关系进行重新定义，政府财税的水平不平衡是指同一层级的不同政府有不同的 MCF。如果税源比较充分、MCF 较低的政府对税源不足、MCF 较高的政府转移财政收入，则在全国范围内可以提高资源分配的效率。从这个意义上讲，发达地区的政府对落后地区进行扶助除了符合公平的原则外，还符合经济学意义上的效率原则。

五、关于发展中国家 MCF 的研究

关于发展中国家的 MCF 研究文献仅有 4 篇，分别为 Ahmad 和 Stern（1987）、Zhang（1997）、Devarajan 等（2001）和 Warlters 和 Auriol（2005）所著。其中，Ahmad、Stern（1987）和 Zhang（1997）运用局部均衡方法分别估量了印度和中国的 MCF。Devarajan 等人（2001）、Warlters 和 Auriol（2005）使用的是 CGE 模型，他们在模型中考虑了发展中国家经济的一些特征，如存在市场扭曲和非正规部门等。

Devarajan 等人（2001）指出，一方面，对于发展中国家 MCF 的研究具有非常重要的意义；另一方面，发展中国家对于 MCF 的研究却非常稀少。他们构建了一个 CGE 模型对 3 个发展中国家的 MCF 进行估量，并运用分析方法对估量结果进行分析。他们对发展中国家某些部门某些税种的 MCF 可能小于 1 的原因进行了分析，他们认为，由于发展中国家部门税率差别很大，增加某些税率较低的部门的税负，资源转移到原来税率较高、扭曲程度高的部门，反而有利于改善资源配置，减少税收的福利成本。

Warlters 和 Auriol（2005）认为，发展中国家关于 MCF 的研究很少，主要原因可能是难以获得所需要的数据，与构建和校准（creating and calibrating）CGE 模型的复杂性。他们认为，关键在于构建简单的 CGE 模型仅需要国民经济核算的数据。他们根据这个思路构建了一个 CGE 模型，估量了非洲 38 个国家的税收 MCF。在模型中，他们将经济分为正规部门和非正规部门。他们研究了对非正规部门征税的管理成本门槛，计算了从实际税制转移到最优税制的福利收益。

六、国内相关研究

Zhang（1997）最早对中国的 MCF 进行了定量分析。但他只运用局部均衡分析方法对间接税进行了分析[①]。但这篇论文是用英文写作的，在国内影响不大。

陈波（1999）[②] 最早运用 CGE 模型对我国税收的超额负担进行了定量研究。他对超额负担的概念、超额负担的成因、超额负担的决定因素、超额负担的测量方法进行了比较详尽的分析，并构建了一个静态多部门一般均衡模型，运用编制的 1995 年社会核算矩阵，测量了我国税收的超额负担，包括总超额负担、平均超额负担和 MCF（他将 MCF 翻译为边际资金成本）。他的测量结果是，所有税收超额负担是2413 亿元，由于1995 年的税收是9914 亿元，则税收的平均超额负担是0. 243；他测量的税收的边际超额负担是0. 24，税收的平均 MCF 为1. 24。

他还对税收结构改革，即减少流转税、增加企业所得税或个人所得税的福利效应进行了定量分析。他认为在当时的条件下，减少流转税、增加企业所得税会产生较大的福利损失；而减少流转税、改征个人所得税会带来较大的福利收益；同时，他对增值税转型方案的福利效应进行了分析，认为将生产型增值税转型为消费性增值税会取得较大的福利收益，而转为收入型增值税福利收益有限。

这是最早运用 CGE 模型对我国税收的超额负担进行定量分析的研究，也是 2009 年之前国内唯一运用 CGE 模型定量分析 MCF 的论文。但是这篇论文的重点是税收的超额负担，对 MCF 的理论分析和定量分析很少，对 20 世纪 80 年代中期之后，国外关于税收的超额负担的研究重点转移到对 MCF 研究没有察觉。作者提到了 MCF 对公共支出的意义，但没有注意到 MCF 对税收结构优化的意义。在计算 MCF 时，简单地使用 1 加上边际超额负担，对这两个概念的区别没有进行分析[③]。他没有区分个人所得税中对不同来源的个人所得征收的税收。事实上，个人所得的几个部分，包括劳动所得、经营所得、股息红利等，性质差别很大，个人所得税对它们作用的效应也很不相同。此外，使用静态模型测量超额负担和进行税收的结构调整模拟，在做模拟时需要对税率作很大的改变，新的均衡偏离原来的均衡的幅度很大，资本存量会进行大的调整，使用静态模型会高估或低估福利效应。

---

① 笔者没有看到这篇论文，但联系了论文作者张昕竹教授，张教授对此文的研究方法和研究结果作了介绍。

② 陈波．中国税收超额负担分析［D］．北京：中国人民大学，1999.

③ 关于这两个概念的区别见本章第四节的第四小节。

十年来，我国的税收水平和税制结构都有较大的变动，结合国际上税收理论的最新进展，重新对我国税收的 MCF 进行定量分析，具有很强的现实意义。

刘明（2009a）分析了税收福利成本的两个概念，即平均超额负担和边际超额负担①的差别。他认为，税收的平均超额负担是衡量税制效率的重要指标，税收的边际超额负担是公共项目支出的机会成本，对于公共项目的评估具有重要价值。该文运用一个静态一般均衡对我国税收的平均超额负担和边际超额负担进行了定量分析。

刘明（2009b）还对 MCF 的概念进行了介绍，说明了 MCF 研究的重要意义，简要回顾了 MCF 的研究文献，对之后（2009）使用的模型进行了动态扩展，运用动态递推一般均衡模型对我国税收的 MCF 进行了定量分析。

七、部分文献估量的一些国家的 MCF

自从 Browning 提出 MCF 概念之后，许多国家的经济学家都对本国的 MCF 进行了估量。经济学家关于 MCF 的研究已经受到政府的重视，美国行政管理和预算局在 1992 年第 A-94 号文件指出："在公共投资的分析中，应该考虑税收存在 25% 的超额负担。因此，公共支出应该乘以 1.25，然后计算项目的净现值。"随着经济学家对 MCF 研究的深入，这方面研究的影响会不断扩大，必将越来越受到政府的重视。

表 1-3 是一些国家的经济学家对本国税收的 MCF 的估量值②。虽然获得这些估量值使用的方法不同，使用的数据时间不同，但它们在一定程度上可以作为政府支出成本的一个参考。

表 1-3　　部分文献估量的一些国家的 MCF

来源	估量方法	国家	税收类型	MCF 估量值
Browning（1976）	局部均衡分析模型	美国	劳动所得税	1.09~1.16
Findlay and Jones（1982）	局部均衡分析模型	澳大利亚	劳动所得税	1.28~1.55
Stuart（1984）	两部门静态 CGE 模型	美国	劳动所得税	1.21~1.24

① 这里定义的边际超额负担实际上是本章第四节所指的边际福利成本，同本书定义的边际超额负担不同。这是由于作者当时没有注意已有文献对这两个概念进行了区分。

② 引用的部分文献计算的是税收的边际福利成本（marginal welfare cost of taxation），加 1 得到 MCF，见本章第四节的第四小节。部分数据来自 Warlters 和 Auriol（2005）。

续表

来源	估量方法	国家	税收类型	MCF 估量值
Hansson and Stuart（1985）	两部门静态 CGE 模型	瑞典	劳动所得税	1.69～2.29
Ballard et al. （1985）	多部门动态 CGE 模型	美国	所有税收	1.21～1.24
Browning（1987）	局部均衡分析模型	美国	劳动所得税	1.32～1.47
Ahmad and Stern（1987）	局部均衡分析模型	印度	货物税	1.66～2.15
			销售税	1.59～2.12
			进口关税	1.54～2.17
Fullerton and Henderson（1989）	多部门动态 CGE 模型	美国	资本所得税	1.336
Jorgenson and Yun（1990）	多部门动态 CGE 模型	美国	所有税收	1.47
Diewert and Lawrence（1994）	局部均衡分析模型	新西兰	劳动所得税	1.18
Dahlby（1994）	局部均衡分析模型	加拿大	劳动所得税	1.38
Fortin and Lacroix（1994）	局部均衡分析模型	加拿大	劳动所得税	1.39～1.53
Ahmed and Croushore（1994）	局部均衡分析模型	美国	劳动所得税	1.08～1.14
Zhang（1997）	局部均衡分析模型	中国	销售税	2.31
Campbell and Bond（1997）	局部均衡分析模型	澳大利亚	劳动所得税	1.19～1.24
Diewert and Lawrence（1998）	局部均衡分析模型	澳大利亚	资本所得税	1.21～1.48
Benge（1999）	局部均衡分析模型	澳大利亚	资本所得税	1.15～1.51
Devarajan et al. （2001）	静态 CGE 模型	孟加拉国	销售税	0.95～1.07
			进口关税	1.17～2.18
		喀麦隆	销售税	0.48～0.96
			进口关税	1.05～1.37
		印度尼西亚	销售税	0.97～1.11
			进口关税	0.99～1.17
Warlters and Auriol（2005）	静态 CGE 模型	非洲 38 国	所有税收	1.17

第三节 研究思路及结构安排

一、研究思路

本书首先分析了 MCF 研究的动机和意义；然后对现有 MCF 文献进行比较全面的回顾；接着对所研究的主要税种的 MCF 进行理论分析，构建一个动态多部门可计算一般均衡模型；估量我国税收的 MCF，并对中国税收改革进行分析，对 MCF 的估量结果进行初步扩展；最后对研究结果进行总结并对未来的研究进行展望（见图 1－5）。

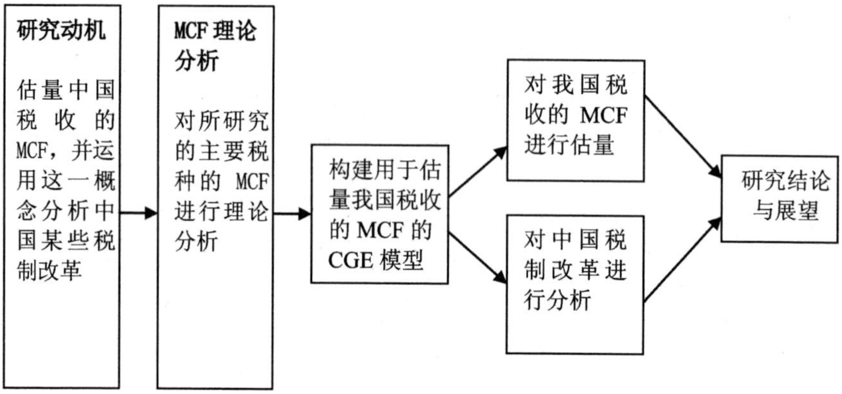

图 1－5　结构安排

二、结构安排

第一章首先说明了研究 MCF 的动机和意义，然后对国外关于公共资金边际成本的文献进行了详细的综述，对这一领域的研究进行了全面系统的梳理。包括 MCF 的理论来源、MCF 的产生和早期研究、MCF 理论的完善和发展与 MCF 研究的前沿等。

第二章对所要研究的主要税种的 MCF 进行了理论分析。分析影响各个税种 MCF 的重要因素，以及一些特殊情况下的 MCF。

第三章详细说明了本书用于定量分析 MCF 的 CGE 模型。首先介绍了一般均衡分析的优点以及运用 CGE 模型分析 MCF 的优点，然后详细介绍了本书使用的 CGE 模型的结构、数据来源、模型校准和模型求解。

第四章首先运用 CGE 模型估量了税收的 MCF 的值，包括所有税收的 MCF，主要税种的 MCF，各个行业的增值税、营业税和企业所得税的 MCF；接着根据对各个税种的 MCF 的估计值，设计税收的结构优化方案，并对这些方案的福利收益进行定量分析；最后对减税的福利收益进行定量分析。

第五章对第四章估量的 MCF 进行初步扩展，将税收的管理成本和服从成本包括进去，估量包含税收的福利成本、管理成本和服从成本在内的税收 MCF。在合理的管理成本和服从成本设定的基础上，计算了包含税收的福利成本、管理成本和服从成本在内的我国税收的 MCF。

第六章对本书的研究结论进行了总结，说明了本书的创新和贡献以及研究局限和未来的研究方向。

第四节 相关概念

MCF 这一概念看似很简单，但是易和与它相关的几个概念混淆。早期的 MCF 研究，由于对 MCF 本身的内涵没有分析清楚，出现许多不同的定义，引起很大的争议。后来，一些经济学家仔细分析了 MCF 的内涵以及它同其他相关概念的关系，才把这个概念阐释清楚。本书将对与 MCF 有重要关系的几个概念进行逐一分析。

一、补偿性确定量（CV）和等价性确定量（EV）

这两个概念用于对消费者的效用变动进行货币度量，即衡量价格变动后，消费者效用的变动量等价于多少货币收入的变动。由于对价格选择的基期不同，相同的效用变动用货币度量的大小也不同，通常使用的两种度量指标为补偿性确定量和等价性确定量。

（一）补偿性确定量（compensating variation，CV）

补偿性确定量是指价格变动后，为使消费者效用恢复到初始效用水平，按照变动后的价格计算所需要的货币量。

假设政策变动前的价格为 p^0，消费者的效用为 U^0，消费者的支出为 $E(p^0, U^0)$；政策变动后的价格为 p^1，消费者的效用为 U^1，消费者的支出 $E(p^1, U^1)$ 不变，$E(p^1, U^1) = E(p^0, U^0)$。消费者的效用要恢复到效用水平 U^0，按照当前的价格计算，它的收入应等于 $E(p^1, U^0)$，则消费者要恢复到原来的效用，按照当前的价格计算需要的收入为：

$$CV = E(p^1, U^0) - E(p^1, U^1) = E(p^1, U^0) - E(p^0, U^0) \quad (1-1)$$

（二）等价性确定量（equivalent variation，EV）

等价性确定量是指价格变动后，为使消费者效用恢复到初始效用水平，按照基期价格计算所需要的货币量。

同上，政策变动后消费者的效用水平为 U^1，按照当前的价格计算，它的收入应等于 $E(p^0, U^1)$，则消费者要恢复到原来的效用，按照当前的价格计算需要的收入为：

$$EV = E(p^0, U^0) - E(p^0, U^1) = E(p^1, U^1) - E(p^0, U^1) \quad (1-2)$$

通常在进行项目成本收益比较时，都以当期的价格为标准，因此通常选择 EV 度量效用变动。

二、Balanced-Budget 分析和 Differential 分析

为了对度量税收福利成本的概念有清楚的认识，这里介绍两个重要概念——Balanced-Budget 分析和 Differential 分析。这两个概念对于分清 MCF 与超额负担的差别具有重要意义。这两个概念最早由 Musgrave（1959）提出，Ballard（1990）运用这两种方法澄清了此前关于 MCF 的许多研究在概念上的差异。

Differential 分析比较的是在获得同样数额的政府收入的条件下，各种筹资方式的效率。通常用于比较扭曲税相对于总额税的扭曲程度。由于两种税收有同样的收入效应，结果只反映扭曲税的替代效应。使用这种方法主要依赖于被征税商品的补偿性需求弹性。在 Differential 试验中，增加一种税收同时减少另一种税收，政府收支保持不变。这种方法通常不适合 MCF 分析。Browning（1976，1987）、Feldstein（1997）等人的许多使用局部均衡分析方法估量 MCF 的论文使用这种方法。除了教育、医疗和养老保险等政府提供的私人消费品，这种方法一般不适合用作项目成本/收益比较分析。

在 Balanced-budget 分析中，假定政府从税率边际增加中得到的税收用于政府支出，政府支出不再保持固定不变。这种方法更适合用作项目成本/收益比较分析。Stuart（1984）、Ballard 等（1985）等使用这种方法。本书也采用这种分析。

值得注意的是，采用 Balanced-budget 分析需要考虑这种方法估量的 MCF 对应的税收效应。在运用这种方法估量 MCF 时，会有税收的扭曲效应（distortionary effect）、收入效应（revenue effect）、支出效应（spending or budget effect）①。从理论上讲，支出效应最好放在公共项目的边际效益中，但由于在运用 CGE 模型估量 MCF 时，支出效应不可能被隔离出去，因此运用 CGE 模型估量的 MCF 用于公共项目的评估时，在评估公共项目的收益时，只需要考虑公共项目的直接收益，不需要考虑公共项目的支出效应。

---

① Snow Arthur, Warren R S. the marginal welfare cost of public funds: Theory and estimates [J]. Journal of Public Economics, 1996, 61.

三、超额负担（EB）、边际超额负担（MEB）和公共资金边际成本（MCF）

这是用于衡量税收效率的 3 个重要概念，下面对它们进行逐一定义，然后对它们的内涵进行区分。

（一）超额负担（excess burden，EB）

超额负担是指政府征收扭曲税，造成的消费者福利损失与政府税收之间的差别。超额负担度量的是不能征收总额税的成本，比较的是扭曲税相对于总额税的福利损失。

假设税前价格为 p^0，消费者的效用为 U^0，支出函数为 $E(p^0, U^0)$；政府的税率为 t，税后价格为 p^1，消费者的效用为 U^1，支出函数为 $E(p^0, U^1)$；以及政府征收的税收用征税前的价格度量为 $R(p^0)$，用征税后的价格度量为 $R(p^1)$。

则用 EV 度量的超额负担为：

$$EB_{EV} = E(p^0, U^0) - E(p^0, U^1) - R(p^0) \tag{1-3}$$

用 CV 度量的超额负担为：

$$EB_{CV} = E(p^1, U^0) - E(p^1, U^1) - R(p^1) \tag{1-4}$$

（二）边际超额负担（marginal excess burden，MEB）

用 EV 度量的 MEB：

$$MEB_{EV} = \frac{dEB_{EV}}{dt} \tag{1-5}$$

用 CV 度量的 MEB：

$$MEB_{CV} = \frac{dEB_{CV}}{dt} \tag{1-6}$$

（三）公共资金边际成本（marginal cost of public fund，MCF）

1. 公共资金的界定

首先需要对公共资金这一概念进行界定。从广义上讲，政府通过各种途径获得的财政收入都可称为公共资金。政府获得财政收入的方式有很多，主要可分为三类：税收、国债和使用费。其中，税收是政府取得收入的主要方式，具有强制性、无偿性的特点；国债是政府通过信用取得收入的方式，但国债最终还是要政府通过税收取得的收入偿还；使用费是某些公共部门通过销售自己所生产的产品和服务，用有偿交换来获得收入的形式。[①] 从狭义上讲，公共资金仅指税收。公共服务一般具有非排它性和非竞争性的特点，很难通过市场交易的方式补偿所有成本，公共服务都最终依靠、或部分依靠税收筹集的资金。

本书所研究的公共资金是指狭义上的公共资金，即税收。本书仅研究狭义的公共资金，主要原因是相对于政府通过其他途径获得的公共资金，税收的数据更容易获得。而且在理论上，对于税收的 MCF 的研究也比较成熟。

2. 公共资金边际成本的定义

首先，回顾现有文献关于 MCF 的各种定义，这里直接引用各种定义的原文。

Browning（1976）对 MCF 的定义是："The direct tax burden plus the marginal welfare cost produced in acquiring the tax revenue."

Triest（1990）对 MCF 的定义是："The increase in the cost measure which results when an additional dollare of tax revenue is raised."

Ballard 和 Fullerton（1992）对 MCF 的定义是："The MCF is defined, in terms of the reference private good, as the cost to consumers per unit of revenue."

Auerbach 和 Hines（2002）对 MCF 的定义是："It measures the cost of each unit of public funds, taking account of the deadweight loss from the additional taxes associated with funds."

Gahvari（2006）对 MCF 的定义是："Denote the social cost（measured in dollar）of spending one dollar on any given public good."

Dahlby（2008）对 MCF 的定义是："the cost to the private sector of raising an additional dollar of tax revenue, measured at the current tax-distorted prices."

这些定义的内涵基本上是一致的，他们在定义时都只考虑了税收的福利成本。本书虽然主要考虑税收福利成本时的 MCF，但在此基础上进行了扩展，将税收的管理成本和服从成本包含进来。为了研究的兼容性，本书对 MCF 的定义为：政府通过税收获得单位额外收入时社会承担的成本。这里社会承担的成本，既包括税收的福利成本，也包括政府征税的管理成本和纳税人的服从成本。

3. MCF 的数学形式

假设 V 为社会福利函数，t 是税率，R 是政府总收入，λ 是单位收入的

---

① 蒋洪，朱萍．财政学［M］．上海：上海财经大学出版社，2000.

效用。税率变动为 dt，社会福利的变化为$\frac{dV}{dt}$，政府税收增加为$\frac{dR}{dt}$。$\frac{dV}{dt}$除以 λ 后社会福利变动转化为用货币度量的值，则 MCF 可以表达为：

$$MCF=\frac{-\frac{dV}{dt}}{\lambda\frac{dR}{dt}} \tag{1-7}$$

（四）边际超额负担（MEB）和公共资金边际成本（MCF）的关系

在 MCF 的早期研究中，通常使用 $MCF=1+MEB$ 这一公式。事实上，由于 MEB 和 MCF 本身概念的内涵并不一致，简单地使用这一公式是不对的。MCF 度量的是增加一单位额外税收以当前价格度量的成本，而 $1+MEB_{EV}$度量的是增加一单位额外税收以税前价格度量的成本。

但 MCF 和 MEB 之间的确存在联系。这里为了更清楚地表明 MCF 和超额负担的关系，Dahlby（2008）推导了 MCF 和分别运用 EV 度量的 MEB 和运用 CV 度量的 MEB 的关系。

1. MCF 与用 EV 度量的 MEB 的关系

$$\begin{aligned}EB_{EV}&=E(p^0,U^0)-E(p^0,U^1)-R(p^0)\\&=E(p^1,U^1)-E(p^0,U^1)-R(p^0)\end{aligned} \tag{1-8}$$

则
$$\begin{aligned}\frac{dEB_{EV}}{dt}&=-\frac{\partial E(p^0,U^1)}{\partial U^1}\frac{\partial U^1}{\partial E(p^1,U^1)}\frac{dE(p^1,U^1)}{dt}-\frac{dR}{dt}\\&=-\frac{1}{\lambda(p^0,U^1)}[-\lambda(p^1,U^1)x(p^1,U^1)]-\frac{dR}{dt}\end{aligned} \tag{1-9}$$

式中：$\lambda(p^0, U^1)$ 为效用水平为 U^1 时以基期价格 p^0 度量的单位支出的效用；$\lambda(p^1, U^1)$ 为效用水平为 U^1 时以基期价格 p^1 度量的单位支出的效用。

$$\begin{aligned}MEB_{EV}&=\frac{\frac{dEB_{EV}}{dt}}{\frac{dR}{dt}}=\frac{x}{\frac{dR}{dt}}\frac{\lambda(p^1,U^1)}{\lambda(p^0,U^1)}-1\\&=MCF\frac{\lambda(p^1,U^1)}{\lambda(p^0,U^1)}-1\end{aligned} \tag{1-10}$$

$$MCF=(1+MEB_{EV})\frac{\lambda(p^0,U^1)}{\lambda(p^1,U^1)} \tag{1-11}$$

从式（1-11）中可以看出，$1+MEB_{EV}$还需要乘以$\frac{\lambda(p^0,\ U^1)}{\lambda(p^1,\ U^1)}$才等于 MCF。$\frac{\lambda(p^0,\ U^1)}{\lambda(p^1,\ U^1)}$的存在是由于 MEB_{EV} 和 MCFV 两者之间的选择的基准价

格不同。

2. MCF 与用 CV 度量的 MEB 的关系

$$EB_{CV}=E(p^1,U^0)-E(p^1,U^1)-R(p^1) \tag{1-12}$$

则
$$\frac{\mathrm{d}EB_{CV}}{\mathrm{d}t}=\frac{\partial E(p^1,U^0)}{\partial t}-\left[\frac{\partial E(p^1,U^1)}{\partial t}+\frac{\partial E(p^1,U^1)}{\partial U^1}\frac{\partial U^1}{\partial t}\right]-\frac{\mathrm{d}R(p^1)}{\mathrm{d}t}$$
$$=x(p^1,U^0)-\left\{x(p^1,U^1)+\frac{1}{\lambda(p^1,U^1)}\left[-\lambda(p^1,U^1)\times x(p^1,U^1)\right]\right\}-\frac{\mathrm{d}R(p^1)}{\mathrm{d}t}$$
$$=x(p^1,U^0)-\frac{\mathrm{d}R(p^1)}{\mathrm{d}t} \tag{1-13}$$

$$MEB_{CV}=\frac{\frac{\mathrm{d}EB_{CV}}{\mathrm{d}t}}{\frac{\mathrm{d}R(p^1)}{\mathrm{d}t}}=\frac{x(p^1,U^0)-\frac{\mathrm{d}R(p^1)}{\mathrm{d}t}}{\frac{\mathrm{d}R(p^1)}{\mathrm{d}t}} \tag{1-14}$$

由于 $R(p^1)=t\cdot x(p^1,U^0)$

则
$$\frac{\Delta R(p^1)}{\Delta t}=x(p^1,U^0)+t\frac{\mathrm{d}x(p^1,U^0)}{\mathrm{d}t} \tag{1-15}$$

$$MEB_{CV}=\frac{-t\frac{\Delta x(p^1,U^0)}{\Delta t}}{x(p^1,U^0)+t\frac{\Delta x(p^1,U^0)}{\Delta t}}=\frac{-t\frac{\frac{\Delta x(p^1,U^0)}{x(p^1,U^0)}}{\Delta t}}{1+t\frac{\frac{\Delta x(p^1,U^0)}{x(p^1,U^0)}}{\Delta t}}$$
$$=\frac{-t\varepsilon^c}{1+t\varepsilon^c}=\frac{1}{1+t\varepsilon^c}-1=\frac{1}{1+t\varepsilon}\frac{1+t\varepsilon}{1+t\varepsilon^c}-1$$
$$=MCF\frac{1+t\varepsilon}{1+t\varepsilon^c}-1 \tag{1-16}$$

ε^c 是补偿性价格弹性，ε 是未补偿的价格弹性。

从式（1-16）可以看出，$1+MEB_{CV}$需要乘以$\frac{1+t\varepsilon^c}{1+t\varepsilon}$才能等于 MCF。这是因为，$MEB_{CV}$度量的是与补偿性需求相对应的税收扭曲效应，而 MCF 度量的是与未补偿需求相对应的税收扭曲效应。

文献中还有一个概念和 MCF 关系比较密切，即边际福利成本（marginal welfare cost，MWC），加上 1 等于 MCF。Ballard（1990）建议用 MWC 对应由 Balanced-budget 分析估量的福利成本，用 MEB 对应由 Differential 分析估量的福利成本。

四、实际平均税率与实际边际税率

与 MCF 关系密切的一个概念是税收的税率。税法规定的税率是名义税率，在实际税收的征收中，由于各种原因，实际税负和名义税率总会有一定的差距。

实际税率分为两类，第一类是实际平均税率，是指政府通过某一税种征收到的税收与该税种的税基的比率；第二类是实际边际税率，是指某个税种税基的新增部分承担的税率①。如果名义税率是比例税，实际征收率为 100%，那么实际平均税率和实际边际税率从理论上讲是一致的。但当税收是累进税时，实际平均税率和实际边际税率就会有一定的差距。例如，假如工资收入小于 1000 元时税率为 0，工资收入大于 1000 元时税率为 5%，则如果收入为 800 元，实际平均税率和实际边际税率均为 0；当工资为 2000 元时，实际平均税率为 2.5%，实际边际税率为 5%。

本书在理论分析部分关于累进劳动所得税的 MCF 分析中，使用了边际税率的概念。由于无法知道劳动所得税的实际边际税率，在运用 CGE 模型估量劳动所得税的 MCF 时，使用的是实际平均税率。

第五节 小 结

本章首先分析了研究 MCF 的目的和意义；然后对国外对 MCF 的研究文献进行了系统的回顾；接着介绍了本书的研究思路和论文结构；最后对 MCF 涉及的一些重要概念进行了细致的辨析。

① Fullerton（1984）对资本税的实际平均税率和实际边际税率进行了区分。

第二章 主要税种的 MCF 理论分析

本书主要使用 CGE 模型对我国税收的 MCF 进行定量分析。由于 CGE 模型比较复杂，故很难直接分析 MCF 的值与影响它的主要经济参数的关系。即使是最简单的两部门和两要素的一般均衡模型，要把它的作用机制弄清楚也非易事①。虽然经济的各个部分都是相互联系的，对问题进行过度简化会得到不合理的结果，但为了理解的方便，根据研究的重点，仍应对问题进行适当简化，用简单的局部均衡分析模型对 MCF 进行理论分析，可以得到很多有价值的分析结论，也有助于理解运用复杂的 CGE 模型得出的结果。

而且，CGE 模型虽然可以反映很多实际经济信息，但模型不可能包含实际经济所有的具体的特征，需要根据 CGE 模型本身的特点作出一些假设。虽然这些假设从总体上看是合理的，但不符合很多具体的经济情况，如 CGE 模型一般假设经济是完全竞争的，不存在外部性、垄断、信息不对称等，根据 CGE 模型得出的结论对于这些情况就不合适，需要作适当的修正，但运用简单的模型集中分析一些特殊情况下的 MCF 也具有一定的价值。

本章介绍目前一些经济学家运用局部均衡分析税收的 MCF 模型，这些模型能够分析税收的扭曲效应和 MCF 的关系，以及各种特殊情况下的 MCF。本章还对这些模型的价值和局限性进行评价，并指出本章使用 CGE 模型分析的税收 MCF 对应的税收扭曲效应。局部均衡在分析税收的 MCF 时，为了问题的简化，每次往往只考虑税收的一种或两种效应。由于税收同时存在多种效应，这些效应之间可能相互抵消，因此对局部均衡的结果

① Harberger（1964）运用一个简单的两部门、两要素一般均衡分析模型分析企业所得税的效应，从这篇论文里可以看出运用一般均衡分析经济问题的复杂性。

应予以小心对待。

按课税对象，我国现行税种分为四大类：流转税类、所得税类、财产税类和行为税类。流转税和所得税是我国的主体税种，本书分析的主要是这两类税收。流转税类包括：①增值税；②营业税[①]；③消费税；④关税。这些税种是在生产、流通或服务领域，按纳税人取得的销售收入或营业收入征收的。所得税类包括：①企业所得税；②个人所得税。这些税种是按照纳税人取得的利润或纯收入征收的。

为了便于从经济学的角度来分析税收的效应，需要将税种进行重新分类，通常分析的税收类型为商品税、劳动所得税和资本所得税。其中，商品税包括增值税、营业税、消费税、关税等；劳动所得税是个人所得税的一部分，是指对个人劳动所得为课税对象的税收；资本所得税则包括企业所得税与个人所得税中对个体生产经营所得征收的税收以及对利息、红利等资本利得征收的税收。

第一节　商品税的 MCF

商品税（commodity tax）是指以商品和服务为课税对象征收的税收。包括增值税、营业税、消费税、关税等。商品税改变商品相对价格，在商品的生产价格和消费价格之间产生差额，包括对被征税的商品与未被征税的商品的相对价格，被征税的商品与闲暇的相对价格等，从而产生社会福利损失。

本书首先分析完全竞争市场条件下商品税的 MCF，然后分析各种市场条件下商品税的 MCF，包括存在外部性和存在市场不完全竞争的情形。

一、完全竞争市场条件下商品税的 MCF

本节采用 Dahlby（2008）的框架，首先分析市场只有一种商品时，商品税的 MCF 计算公式，然后研究市场存在多种商品时，商品税的 MCF 计算公式，最后分析对进口商品征收的关税 MCF。

（一）单税基情况下的 MCF

首先用熟知的供需分析框架进行分析。如图 2－1 所示，假设市场是完全竞争的，D 和 S 分别是商品 X 的需求和供给曲线。假设只有一种商品，

① 本书的分析是在全面营改增之前，本书分析结果表明，全面推开营改增能有效地提高经济效率。从而也证明本书的分析对全面推开营改增有较强的借鉴意义。

在不存在税收时，商品价格为 p，均衡产量为 x。政府对每单位产品征收 t 单位税收后，消费者价格增加到 q'，生产者价格下降到 $p'=q'-t$，均衡产量下降为 x'。政府征收到的税收为 $R'=t\cdot x'$，消费者剩余减少的数量等于 $q'abp$，生产者剩余减少的数量等于 $pbgp'$，消费者剩余与生产者剩余之和超过政府征收到的税收，超过部分等于三角形 abg。

现假设税率增加 $\mathrm{d}t$，税率为 $t'=t+\mathrm{d}t$，消费者价格增加到 q''，生产者价格减少到 p''，均衡产量下降为 x''。政府增加的税收 $\Delta R=t'\cdot x''+t\cdot x'$，等于区域 $A+B-C$，社会净福利减少 C。则：

$$MCF=1+\frac{C}{A+B-C}=\frac{A+B}{A+B-C} \tag{2-1}$$

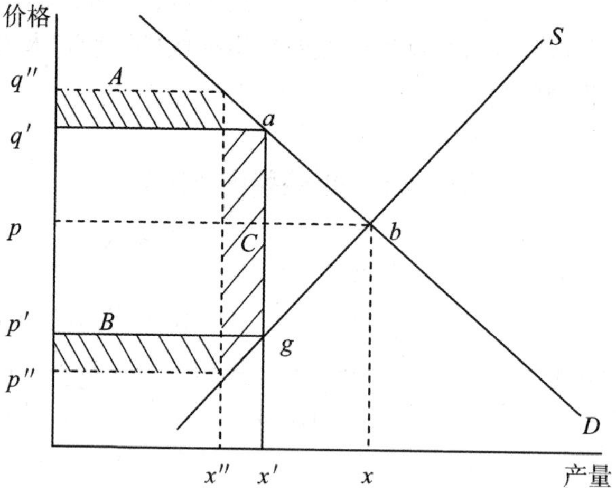

图 2-1　单税基情况下商品税的 MCF

下面给出相应的 MCF 的数学表达式。设消费者的总收入为 I，则他的效用函数为 $V(q,p,I)$。政府税收为 $R=t\cdot x$。

这里为了分析的简便，假定商品的生产价格不变，消费者价格和生产者价格满足如下关系：$\frac{\mathrm{d}q}{\mathrm{d}t}=\frac{\mathrm{d}p}{\mathrm{d}t}+1$。

则税率增加对个人效用的影响为：

$$\frac{\mathrm{d}V}{\mathrm{d}t}=\frac{\partial V}{\partial q}\frac{\mathrm{d}q}{\mathrm{d}t}+\frac{\partial V}{\partial p}\frac{\mathrm{d}p}{\mathrm{d}t}=-\lambda x'\frac{\mathrm{d}q}{\mathrm{d}t}+\lambda x'\frac{\mathrm{d}p}{\mathrm{d}t}=-\lambda x' \tag{2-2}$$

公式利用了 $\frac{\partial V}{\partial q}=-\lambda x'$，其中，$\lambda$ 为单位收入的边际效用。

税率增加对政府收入的影响为：

$$\frac{\mathrm{d}R}{\mathrm{d}t} = x' + t\frac{\mathrm{d}x}{\mathrm{d}q}\frac{\mathrm{d}q}{\mathrm{d}t} = x'\left[1 + \frac{t}{q}\left(\frac{q}{x'}\frac{\mathrm{d}x}{\mathrm{d}q}\right)\frac{\mathrm{d}q}{\mathrm{d}t}\right] = x'\left(1 + \tau\varepsilon\frac{\mathrm{d}q}{\mathrm{d}t}\right)$$

$$= x'\left[1 + \tau\varepsilon\frac{\eta}{\eta - (1-\tau)\varepsilon}\right] \tag{2-3}$$

式中：η 为商品的供给弹性；ε 为商品的需求弹性；τ 是税率和消费者价格的比率，

则

$$MCF = \frac{-\frac{\mathrm{d}V}{\mathrm{d}t}}{\lambda \cdot \frac{\mathrm{d}R}{\mathrm{d}t}} = \frac{1}{1 + \tau\varepsilon\frac{\eta}{\eta - (1-\tau)\varepsilon}} \tag{2-4}$$

式（2-4）说明被征税的商品的需求和供给弹性越大，当前税率越高，MCF 的值越大。如果需求具有完全弹性，需求曲线是水平线，MCF 等于$\left[1-\left(\frac{\tau}{1-\tau}\right)\eta\right]^{-1}$；如果供给具有完全弹性，供给曲线是水平线，MCF 等于 $(1+\tau\varepsilon)^{-1}$；如果被征税的商品的需求或供给完全无弹性，即 $\varepsilon=0$ 或 $\eta=0$，则 MCF 等于 1，因为税率增加时，被征税的商品的产出和消费不变，即税收并不改变经济行为，因此不会造成扭曲。

运用这个模型分析商品的问题是，实际经济中一般都存在多种商品，税基会相互影响。如果对一种商品的税率提高，而其他商品税率保持不变，该商品相对于其他商品价格上升，消费者会转移一部分收入购买其他商品，对于其他商品，即使不提高税率也可以征收到更多的税收。此外，某些商品由于各种原因不能征税，这些商品的存在会影响应税商品的 MCF。因此计算对一种商品征税的 MCF 应该考虑商品间的相互影响，否则就不能全面反应税收的福利成本。这种情况在实际经济中是很常见的，因此分析多税基情况下的 MCF 具有重要的价值。

此外，同一种税收，不同行业间的 MCF 是不同的，说明即使是同一税种，在不同行业征收到的税收的机会成本也不相同，对于某一税种 MCF 较高的行业采取可行的税收优惠政策，有利于降低税收的福利成本。因此分别计算同一税种的各个行业的 MCF 对于优化税制具有重要价值。

（二）多税基情况下的 MCF

不失一般性，假设市场存在两种商品 x_1 和 x_2，x_1 和 x_2 是替代品。如图 2-2 所示，图 2-2（a）是商品 1 的供需图，图 2-2（b）是商品 2 的供需图。最初，$q_1^1 = p_1 + t_1^1$，$q_2^1 = p_2 + t_2^1$，从商品 1 征收到的税收为 $B + C$，

从商品 2 征收到的税收为 E。如果对商品 1 的税率增加 Δt_1，且商品 1 的价格增加同样大小，则消费者对商品 1 的消费量减少到 x_1^2，而对商品 2 的消费量增加到 x_2^2。

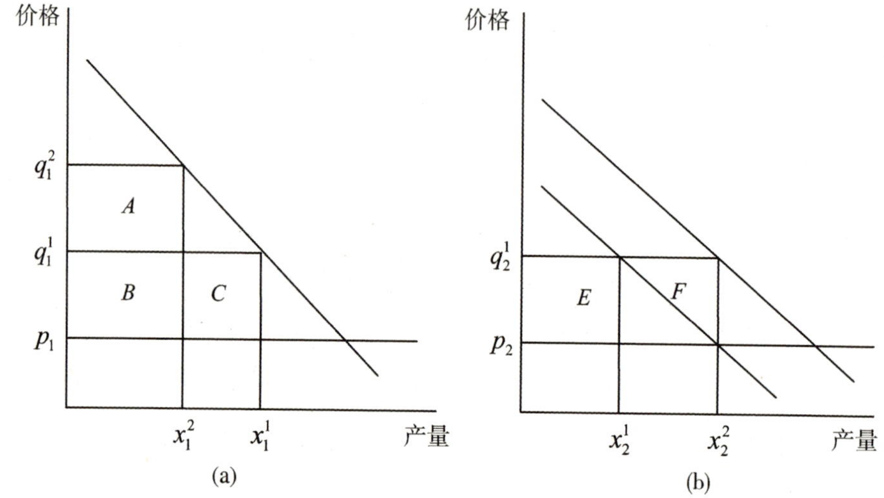

图 2－2　多税基情况下商品税的 MCF

消费者承受的福利损失为 $x_1^1 \cdot \Delta t_1$，政府征收的税收等于 $\Delta R_1 + \Delta R_2$，其中 ΔR_1 等于区域 A 减去区域 C，ΔR_2 等于区域 F。因为每单位商品 2 对消费者的价值为 q_2^1，生产的社会成本为 p_2。

对商品 1 征收的税收的 MCF 的公式为：

$$MCF_1 = x_1^1 \cdot \Delta t_1 / (\Delta R_1 + \Delta R_2) \tag{2-5}$$

式中：$\Delta R_1 = A - C$，$\Delta R_2 = F$。

下面给出 MCF 的数学公式。假设市场存在 n 种不同商品，每种商品的税率为 τ_1，τ_2，…，τ_n，B_i 为每种商品的税基，$B_i = q_i \cdot x_i$。该税种从商品 i 征收到的税收为 $R_i = \tau_i \cdot B_i$，该税种的总税收等于该税种从各个商品征收到的税收之和，即 $R = \sum R_i$；该税种的边际税收收入为 $\frac{\partial R}{\partial \tau_i} = \sum \frac{\partial R_j}{\partial \tau_i}$。

商品税的 MCF 可以表达为：

$$MCF_{\tau_i} = \frac{B_i}{\frac{\partial R}{\partial \tau_i}} = \frac{\frac{\tau_i B_i}{R}}{\frac{\tau_i}{R} \cdot \frac{\partial R}{\partial \tau_i}} = \frac{\beta_i}{\rho_i} \tag{2-6}$$

式中：$\beta_i = \frac{\tau_i \cdot B_i}{R}$是从税基 i 中征收的税收占总税收的比重；$\rho_i = \frac{\tau_i}{R}\frac{\partial R}{\partial \tau_i}$是总税收对于税率 τ_i 的弹性。

$$\rho_i = \frac{\tau_i}{R}\sum_{j=1}^{n}\frac{\partial R_j}{\partial \tau_i} = \sum_{j=1}^{n}\frac{\partial R_j/R_j}{\partial \tau_i/\tau_i}\frac{R_j}{R} = \sum_{j=1}^{n}\beta_j\rho_{j,i} \tag{2-7}$$

式中：$\rho_{j,i}$是从税基 j 中征收的税收相对于 τ_i 的弹性。

如果对于 $j \neq i$，$\rho_{j,i}=0$，则 $MCF_{\tau_i} = \frac{1}{\rho_{j,i}}$。

商品税的 MCF 为：

$$MCF_{\tau_i} = \frac{x_i}{x_i + \sum_{j=1}^{n}\tau_j(\mathrm{d}x_j/\mathrm{d}q_i)} = \frac{b_i}{b_i + \sum \tau_j b_j \varepsilon_{ji}} \tag{2-8}$$

由于 $\varepsilon_{ji} = \varepsilon_{ji}^{c} - b_i u_j$，又 $b_j\varepsilon_{ij}^{c} = b_i\varepsilon_{ji}^{c}$，

ε^{c} 是补偿性价格弹性，ε 是没有补偿的价格弹性。

则多税基商品税的 MCF 为：

$$MCF_{\tau_i} = \frac{1}{\sum_{j=1}^{n}\tau_j\varepsilon_{ij}^{c} + \left[1 - \sum_{j=1}^{n}\tau_j b_j u_j\right]} \tag{2-9}$$

本书使用的 CGE 模型包含 14 个行业的商品的生产和消费，并包含各个行业的税收，能对各个行业的增值税、营业税和企业所得税的 MCF 进行估量。

(三) 关税的 MCF

在 19 世纪，关税是许多国家财政收入的重要组成部分。过去 50 年里，由于 GATT（以及现在的 WTO）的作用和自由贸易的迅速发展，许多国家减少了关税，关税在很多国家财政收入中的地位大为下降。由于关税管理成本相对较低，关税仍是许多发展中国家重要的税收来源。

Dahlby（2008）用一个简单的框架分析关税的 MCF。如图 2－3 所示，假定一个经济体的某种商品面临完全供给弹性。国内供给曲线为 S，国内需求曲线为 D。国际价格等于 1，国内价格等于 $1+\tau_m$，这里 τ_m 是关税税率。进口量为 M，是国内需求与国内供给的差距。总关税收入等于区域 $abcd$。

现假定关税税率增加到 τ'_m，国内生产从 S 增加到 S'，国内消费从 D 减少到 D'，总进口减少到 M'。关税使国内生产者福利增加，消费者福利减少。社会福利损失等于消费者福利与生产者福利变动的差距，可近似等

于 $M'd\tau_m = ifgj$。政府增加的税收等于区域 $ifgj$ 减去区域 $abie$ 和区域 $hjcd$。

$$MCF = \frac{ifgj}{ifgj - abie - hjcd} = \frac{1}{1 + \tau_m[(D/M)\varepsilon - (S/M)\eta]} \quad (2-10)$$

式中：ε 是商品的国内需求价格弹性，η 是商品的国内供给价格弹性。

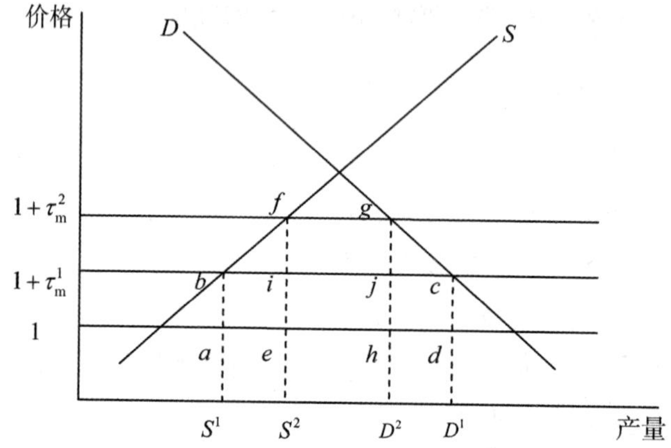

图 2-3　关税的 MCF

这个研究关税的模型只考虑了关税在国内市场价格和国外市场价格之间形成差距对消费者福利的影响。但关税还有很多效应这个模型无法反映，如关税会影响国内市场竞争和市场结构，这些效应对社会福利的影响可能会很大。但还没有在分析 MCF 时考虑这些效应。

二、各种市场条件下商品税的 MCF

上面分析了完全竞争条件下的 MCF，本书使用的 CGE 模型也是在这样的假设下估量 MCF 的。由于研究的是整个国民经济范围的情况，做这样的假设是必要的，也是合理的。但从微观的层面来看，实际市场存在很多不符合完全竞争市场的情况，如消费或生产活动中存在外部性，一些企业存在垄断权力等。在这些条件下税收的 MCF 和完全竞争条件下的 MCF 是有差别的。对这些具体情况进行分析，更有利于评价运用 CGE 模型估量的 MCF 的结果，也有利于制定有效的税收政策。已经有一些文献对这些市场不完全条件下的 MCF 进行了分析，这里分析几种非常重要的情况。

（一）外部性条件下的 MCF

很多生产和消费等经济活动都具有外部性。如工厂排放各种未经处理的废料、汽车排放尾气、消费香烟影响他人健康等。如果生产或消费活动中存在外部性，价格体系在分配资源时就会存在失灵。通常的经济学原理认为，对这些具有负外部性的活动征税是必要的。Pigou（1920）最先指出，如果对产生外部损害的活动征税，让它们的市场价格反映活动的社会成本，资源的分配效率就可以获得提高。这使税收具有一些额外的社会收益，在计算这些商品税收的 MCF 时需要予以考虑。Dahlby（2008）考虑了两种存在外部性情况下的 MCF。

1. 环境外部性

如图 2－4 所示，假定消费者购买商品 x_i，这种商品会产生 d_E 的外部成本。在最初均衡，商品价格为 q_i^1 和消费者消费 x_i^1 单位。曲线 d_E 下的区域为没有购买 x_i 的个人由于购买 x_i 消费而发生的总外部成本。如果商品 x_i 的税率增加到 t_i^2，对 x_i 的需求下降为 x_i^2，总外部成本会下降。设税率增加，商品的生产者和消费者受到的损害为 $x_i dt$，外部成本减少的价值为 $d_E \cdot \Delta x_i$，其中 $\Delta x_i = x_i^2 - x_i^1 < 0$。则存在环境外部性时，税收的 MCF 是：

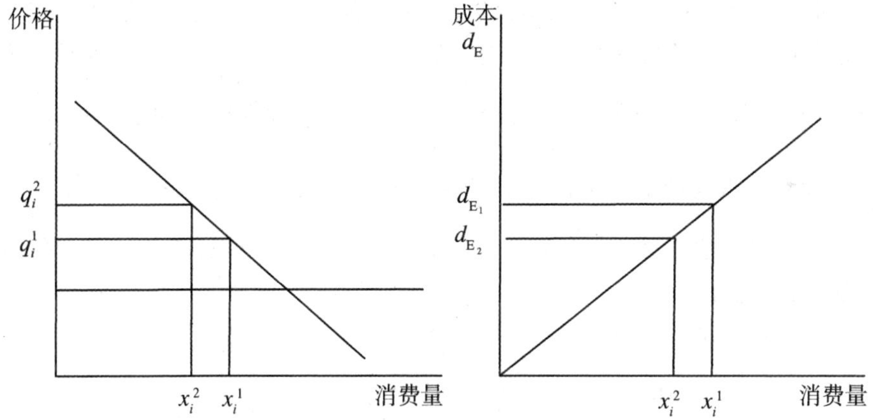

图 2－4　存在环境外部性情况下的 MCF

$$MCF = \frac{x_i - \mathrm{d}_{E_i}\mathrm{d}x_i/\mathrm{d}t_i}{\partial R/\partial t_i} = \frac{\frac{t_i x_i}{R}\left(1 - \frac{\mathrm{d}_{E_i}}{q}\frac{\mathrm{d}x_i}{x_i}\frac{q}{\mathrm{d}t_i}\right)}{\frac{t_i}{R}\cdot \partial R/\partial t_i}$$

$$= \frac{\beta(1 - \delta_{E_i}\varepsilon_{ii})}{\rho_i} \qquad (2-11)$$

式中：$\delta_{E_i}=d_{E_i}/q_i$ 是 x_i 产生的边际外部成本，ε_{ii}是 x_i 的自价格弹性；β 是对第 i 种商品征的税占总税收的比重；ρ_i 是总税收对第 i 种商品税率的弹性。

当 $\delta_{E_i}\varepsilon_{ii}$为 0 时，对具有外部性的商品征收的税收的 MCF 公式等于没有外部性条件下商品税的 MCF。如果生产或消费活动产生正外部性，$-\delta_{E_i}\varepsilon_{ii}$为正，MCF 会较高；如果生产或消费活动产生负的外部性，$-\delta_{E_i}\varepsilon_{ii}$为负，MCF 会较低。这说明，对于香烟、汽车等具有负外部性的商品应该征收比通常情况较高的税收。

2. 公共支出外部性

很多具有外部性的经济活动会增加政府的公共支出。如消费香烟会产生各种疾病，导致政府需要增加对公共卫生的投入。即使不考虑香烟的外部性，如果政府征税导致香烟价格提高，使得吸烟者减少对香烟的消费，政府对卫生的支出也可以减少，对这些外部性征税的 MCF 也会小于通常的情况。

假设消费者消费具有外部性的商品数量为 x，价格为 q，政府提供和消费这种商品有关的公共产品 G，提供服务的成本为 $C(G, x)$，政府预算为 $t\cdot x=C(G, x)$。假定应税商品的供给是完全无弹性的，即$\frac{dq}{dt}=1$；$\delta_G=\frac{1}{q}\frac{\partial C}{\partial x}$是当个人在商品 x 上消费额外 1 元时，公共支出的变化；$\varepsilon=\frac{dx/x}{dq/q}$是商品的价格弹性。对这种商品征税，对政府财政有两种影响：政府的税收增加，公共支出减少。

则在存在这种外部性时，税收的 MCF 计算公式如下：

$$MCF=\frac{x}{x+t(dx/dt)-(\partial C/\partial x)(dx/dt)}$$
$$=\frac{1}{1+(t-\delta_G)\varepsilon} \quad (2-12)$$

同通常的 MCF 公式相比，这里只增加了含有 δ_G 的一项，由于 δ_G 为正，降低了 MCF 的值。

（二）不完全竞争条件下的 MCF

迄今为止的分析都假定市场是完全竞争的，但现实经济往往都不是完全竞争的。分析不完全竞争的市场条件对税收的 MCF 的影响具有重要的现实价值。

这一小节首先分析和完全竞争完全相反的情况，即垄断条件下商品税的 MCF，然后分析一种更普遍的情形，即寡头垄断情形下商品税的 MCF。

1. 垄断

Dahlby（2008）对垄断情况下的 MCF 进行了分析。如图 2－5 所示，D 是垄断产品的社会需求曲线，MR 是垄断产品的边际收益曲线，MC 为垄断产品的边际成本曲线，基期税率为 t_1，产品价格为 q_1；假设税率增加 Δt，产品价格为 q_2。随着税率的增加，消费者剩余减少，可近似用区域 A 衡量。垄断企业利润减少，近似等于区域 $B+C-A$。区域 B 是垄断利润因税率上升而减少的大小；假定产出不变，区域 C 是垄断利润因产出下降而减少的大小；区域 A 是利润因价格上升而增加的大小。总税收的变化为 $B-E$。

则垄断条件下税收的 MCF 用公式法表示为：

$$MCF = \frac{B+C}{B-E} \tag{2-13}$$

式中：$\frac{B}{B-E}$是税收总额对税率的弹性的倒数。不过，此时税收总额的弹性是由边际收益曲线决定，而不是由需求曲线决定。也就是说，$\frac{B}{B-E}$可以被看成在没有垄断权力的情况下，每单位额外税收导致的消费者剩余的损失。$\frac{C}{B-E}$衡量的是由于存在企业的垄断权力导致资源配置扭曲，每单位额外税收的社会损失。

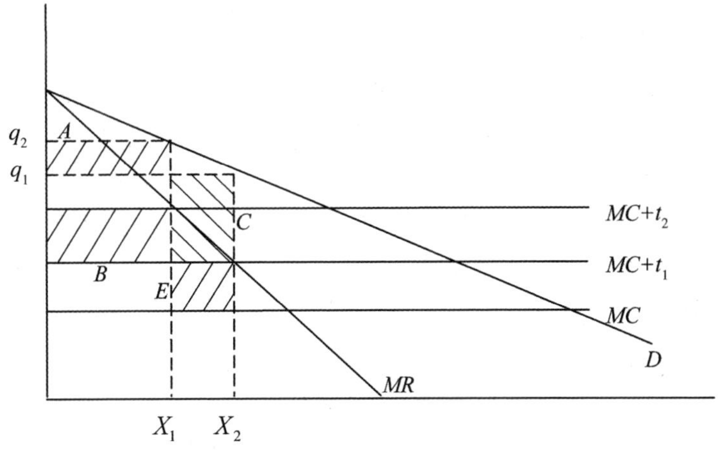

图 2－5　垄断情况下的 MCF

为给出垄断情况下 MCF 的数学表达式，需要求出$\frac{B}{B-E}$和$\frac{C}{B-E}$的数学表达式。

市场扭曲程度可用市场价格与边际成本和税率两者之和的差来表示，$d_M = q - (MC + t)$。δ_M 是市场权力导致的扭曲与消费者价格的比率，$\delta_M = d_M / q$。

区域 C 等于 $[q - (MC + t)]\ \Delta x$ 或 $-(\delta_M \varepsilon \frac{dq}{dt})\ x\Delta t$；区域 B 等于 $x\Delta t$；区域 E 等于 $-(\tau\varepsilon dq/dt)\ \Delta t$。则区域 $B-E$ 等于 $(1+\tau\varepsilon dq/dt)\ x\Delta t$，区域 $B+C$ 等于 $(1-\delta_M\varepsilon \frac{dq}{dt})\ x\Delta t$。

则垄断条件下税收的 MCF 的公式为：

$$MCF = \frac{1 - \delta_M \varepsilon (dq/dt)}{1 + \tau\varepsilon(dq/dt)} \tag{2-14}$$

由于 $dq/dt > 0$，$\delta_M > 0$，$\varepsilon < 0$，$\delta_M \varepsilon\ (dq/dt) < 0$，则$MCF > \frac{1}{1+\tau\varepsilon\ (dq/dt)}$。

2. 寡头垄断

很多重要商品的市场结构既不符合完全竞争市场的情况，也不符合完全垄断市场的情况，而比较符合处于这两种市场结构之间的寡头垄断的情况。Dahlby（2008）分析了一种最常见的寡头垄断市场，既 conjectural variation 市场条件下商品税的 MCF。conjectural variation 市场结构是指这个市场中的企业能预测自己的产量增加一定份额时，整个市场的产量增加的份额。

这里对他的模型做简化，以便更清楚地反映寡头垄断市场条件下 MCF 的特征。假设某种产品的总产出为 $X = \sum x_j$，x_j 为市场中企业 j 生产的产品数量。衡量这个市场的一个重要指标为 conjectural variation 系数，$\gamma_j = dX/dx_j\ (x_j/X)$，这个系数可反映企业的战略行为，即企业增加产量时预测该产品的总产出变化。市场需求弹性 $\varepsilon = (dX/dq)\ (q/X)$。

企业 j 的利润函数为：

$$\pi_j = (1-\tau)qx_j - C(x_j) \tag{2-15}$$

式中：π_j 为垄断企业 j 的利润；x_j 为垄断企业 j 生产的商品数量；q 为商品价格；τ 为对垄断企业生产的商品征收的商品税税率；$C\ (x_j)$ 是垄断企业生产数量为 x_j 的商品的成本；$MC\ (x_j)$ 是企业生产的边际成本。

企业利润最大化的一阶条件为：

$$\frac{\mathrm{d}\pi_j}{\mathrm{d}x_j}=(1-\tau)(q+x_i\frac{\mathrm{d}q}{\mathrm{d}X}\frac{\mathrm{d}X}{\mathrm{d}x_i})-MC=0 \tag{2-16}$$

$$q(1+\frac{\gamma}{\varepsilon})=\frac{MC}{1-\tau} \tag{2-17}$$

$$q=\frac{\varepsilon}{\gamma+\varepsilon}\frac{MC}{1-\tau} \tag{2-18}$$

垄断导致的扭曲为：

$$\delta_{\mathrm{M}}=\frac{q-MC/(1-\tau)}{q}=\frac{-\gamma}{\varepsilon} \tag{2-19}$$

同计算完全垄断的情况类似，对寡头垄断行业生产的商品征税的MCF为：

$$MCF=\frac{1-\delta_{\mathrm{M}}\varepsilon(\mathrm{d}q/\mathrm{d}t)}{1+\tau\varepsilon(\mathrm{d}q/\mathrm{d}t)}=\frac{1+\gamma(\mathrm{d}q/\mathrm{d}t)}{1+\tau\varepsilon(\mathrm{d}q/\mathrm{d}t)} \tag{2-20}$$

由于 $\gamma>0$，$\mathrm{d}q/\mathrm{d}t>0$，则 $MCF>\frac{1}{1+\tau\varepsilon\ (\mathrm{d}q/\mathrm{d}t)}$。

第二节　劳动所得税的 MCF

劳动所得税是个人所得税的一部分。个人所得税包括劳动所得税、个体生产经营所得税、储蓄利得税等。这些税收的性质很不相同。这节分析劳动所得税，下一节分析资本所得税时对个人所得税中的个体生产经营所得税、储蓄利得税进行分析说明。

在国外关于 MCF 的研究中，对于劳动所得税的 MCF 研究特别丰富，主要原因是西方国家劳动所得税的税率很高，占税收总额的比重很大，对经济行为的扭曲程度很高。在我国，随着人们收入水平的提高，劳动所得税在我国增长很快，也引起了很大的争议。因此借鉴国外关于劳动所得税的 MCF 研究，对于完善我国劳动所得税具有重要意义。

本书使用 CGE 模型，使用的是实际平均税率，在税制存在累进性的条件下，增加的额外收入面临的税负一般要高于之前收入的平均税负，MCF 的值会更大。这里，首先分析比例劳动所得税的 MCF，然后分析考虑税制累进性之后的 MCF，然后分析考虑劳动参与效应时的 MCF，最后分析避税情况下劳动所得税的 MCF。

一、比例劳动所得税的 MCF

同上节一样，首先用供需分析框架分析比例劳动税的 MCF。如图 2－6

所示，在完全竞争劳动市场中，D 是劳动总需求曲线，S 是劳动总供给曲线。假定使用资本和劳动只生产一种商品，劳动者的工资为 w，资本回报为 r。最初，对劳动收入征税，税率为 m_i，含税工资为 W，就业水平为 L_1。税率增加到 m_2 后工资增加，就业水平为 L_2。

同商品税情形相似，用图示面积表示，$MCF = \frac{a+b}{a+b-c}$。

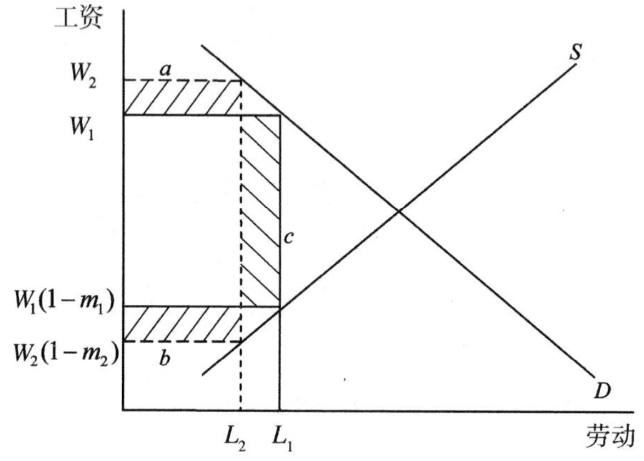

图 2－6　比例劳动所得税

为得到劳动所得税的 MCF 数学表达式，需要定义一些概念。

劳动所得税税率增加后，劳动供给减少，税前劳动报酬率会提高，部分税负会转嫁出去，转嫁程度为 $\frac{\mathrm{d}w/w}{\mathrm{d}m} = \frac{\eta_L}{(1-m)(\eta_{\mathrm{L}} - \varepsilon_{\mathrm{Lw}})}$。其中，$\eta_{\mathrm{L}}$ 是劳动供给对工资的弹性，$\varepsilon_{\mathrm{Lw}}$ 是劳动需求对工资的弹性。

转嫁的税负用公式表示为：

$$A = L\mathrm{d}w = \frac{\eta_L}{(1-m)(\eta_{\mathrm{L}} - \varepsilon_{\mathrm{Lw}})} wL\mathrm{d}m \tag{2-21}$$

劳动收入承担的税负用公式表示为：

$$B = (1-m)L\mathrm{d}w = \frac{-\varepsilon_{\mathrm{Lw}}}{\eta_{\mathrm{L}} - \varepsilon_{\mathrm{Lw}}} wL\mathrm{d}m \tag{2-22}$$

社会福利的净损失用公式表示为：

$$C = -mwdL = -mwL\varepsilon_{Lw}dw/w = \frac{-m\varepsilon_{Lw}\eta_L}{(1-m)(\eta_L-\varepsilon_{Lw})}wLdm \tag{2-23}$$

则比例劳动所得税的 MCF 为：

$$MCF = \frac{A+B}{A+B-C} = \frac{\eta_L-(1-m)\varepsilon_{Lw}}{\eta_L-(1-m)\varepsilon_{Lw}+m\varepsilon_{Lw}\eta_L} \tag{2-24}$$

从式（2-24）可以看出，税率越高，劳动的需求或劳动的供给弹性越大，MCF 越高。这里，需要着重对劳动需求和劳动供给弹性进行说明。

二、累进劳动所得税的 MCF

劳动所得税一般都是累进的。累进税同比例所得税相比具有两重性：一方面，征收同样的税收，累进税的税率更高，因此扭曲程度更高；另一方面，累进税有助于分配公平，分配公平也可以看作累进税的社会收益，因此分析累进税的 MCF 应考虑累进税的公平效应。

Dahlby（1998）的分析模型比较清楚地反映了累进税的这两重性质，这里运用 Dahlby 分析模型介绍累进劳动所得税的 MCF。

设个人所得税分为 n 档：$(0,\ X_1)$，$(X_1,\ X_2)$，…，$(X_{n-1},\ X_n)$，每档对应的税率分别为 m_1，m_2，…，m_n。

假设个人的收入位于第 i 档，$Y_i = w_iL_i((1-m_i)w_i,\ Z_i)$，个人的劳动供给函数为 $L_i = L((1-m_i)w_i,\ Z_i)$，个人的间接效用函数为 $V((1-m_i)w_i,\ Z_i)$。其中，Z_i 为个人的虚拟收入，w_i 为个人的工资率。

个人的平均税率为：

$$\tau_i = \sum_{j=1}^{n}\chi_{ij}m_j \tag{2-25}$$

从个人征收到的税收为：

$$R_i = m_i(Y_i - X_{i-1}) + \sum_{j=1}^{i-1}m_j(X_j - X_{j-1}) \tag{2-26}$$

个人的虚拟收入为：

$$Z_i = m_iY_i - R_i = \sum_{j=1}^{i-1}(m_i - m_j)(X_j - X_{j-1}) = m_iX_{i-1} - \sum_{j=1}^{i-1}m_j(X_j - X_{j-1}) = (m_i - t_i)Y_i \tag{2-27}$$

式中：χ_{ij} 为第 j 档的收入占个人总收入的比重。

净工资率变动对劳动供给 L_i 的影响可分为替代效应和收入效应，即

$$\eta_i = \eta_i^c + \theta_i$$

式中：η_i 为未补偿的劳动供给弹性；η_i^c 为补偿性劳动供给弹性；θ_i 为获取非劳动收入的边际倾向，

$$\theta_i = (1 - m_i) w_i \frac{\mathrm{d}L_i}{\mathrm{d}Z_i}$$

边际税率变动 $\mathrm{d}m_i$ 时，Z_i 的变动等于：

$$\mathrm{d}Z_i = X_{i-1}\mathrm{d}m_i - \sum_{j=1}^{i-1}(X_j - X_{j-1})\mathrm{d}m_j = (\mathrm{d}m_i - \mathrm{d}t_i)Y_i \quad (2-28)$$

个人平均税率的变化为：

$$\mathrm{d}t_i = \sum_{j=1}^{n}\chi_{ij}\mathrm{d}m_j \quad (2-29)$$

第 i 档税率变动对总税收的影响为：

$$\mathrm{d}R_i = w_i L_i \mathrm{d}m_i + m_i w_i\left[\frac{\partial L_i}{\partial (1 - m_i)w_i}\frac{\partial (1 - m_i)w_i}{\partial m_i}\mathrm{d}m_i + \frac{\partial L_i}{\partial Z_i}\mathrm{d}Z_i\right] - \mathrm{d}Z_i \quad (2-30)$$

把劳动反应分解为替代效应和收入效应，税收的变动等于：

$$\mathrm{d}R_i = Y_i\left[\mathrm{d}t_i - \frac{m_i}{1 - m_i}(\eta_i^c \mathrm{d}m_i + \theta_i \mathrm{d}t_i)\right] \quad (2-31)$$

税率的边际变动对个人福利的影响为：

$$\mathrm{d}V_j = -\lambda_i Y_i \mathrm{d}m_i + \lambda_i \mathrm{d}Z_i = -\lambda_i Y_i \mathrm{d}t_i \quad (2-32)$$

式中：λ_i 为个人收入的边际效用。

设社会福利函数为 $S(V_1, V_2, V_3, \cdots, V_n)$，则税率变动的福利效应为：

$$\mathrm{d}S = \sum_{j=1}^{n} S_j \mathrm{d}V_j = -\sum_{j=1}^{n} S_j \lambda_i Y_i \mathrm{d}t_i = -\sum_{j=1}^{n} f_j\beta_j Y_j \mathrm{d}t_j = -\sum_{j=1}^{n}\gamma_j\beta_j \mathrm{d}t_j \quad (2-33)$$

式中：f_j 是位于税档 j 的人数；$\beta_j = \lambda_j S_j$ 是位于税档 j 的人收到额外单位收入的分配权重；γ_j 是收入档 j 的收入份额，$\gamma_j = f_j Y_j$。带有分配权重的 MCF 为：

$$SMCF = -\frac{\mathrm{d}S}{\mathrm{d}R} = \frac{\sum_{j=1}^{n}\gamma_j\beta_j \mathrm{d}t_j}{\sum_{j=1}^{n}\gamma_j\left[1 - \frac{m_j}{1 - m_j}\left(\eta_j^c \frac{\mathrm{d}m_j}{\mathrm{d}t_j} + \theta_j\right)\right]\mathrm{d}t_j} \quad (2-34)$$

式（2-34）中，替代效应被边际税率与平均税率的比率加权。只有当边际税率与平均税率按照同样的比率增加时，替代效应和收入效应才有相同的权重。

三、考虑劳动参与的 MCF

Kleven 和 Kreiner（2006）指出，现代劳动经济学的一个重要发现是，劳动供给对劳动所得税作出的反应主要体现在劳动参与（labor force participation or extensive margin）的变动而不是工作的时间（hours of work or intensive margin）的变动。劳动者通过改变劳动时间对劳动所得税作出反应受到很大的限制，因为很多企业员工的工作时间是由企业安排的，员工自身很难进行调整。但劳动所得税会对影响人们对劳动的参与，如果税率过高，部分劳动者就会退出劳动市场。

但大部分关于劳动所得税的 MCF 的研究都只考虑劳动时间的变动。本书使用的 CGE 模型，也很难把这种方式的劳动反应考虑进去，劳动参与的减少被看作劳动时间的减少。因此有必要分析这种情况下的 MCF 具有的特征。

Kleven 和 Kreiner（2006）研究了劳动参与情况下的 MCF。他认为，在这种情况下，MCF 具有一些重要特征。首先，MCF 是平均税率的函数，而不仅是边际税率的函数；其次，劳动参与决策和 MCF 的值依赖于对那些不工作的人的转移支付的数量。他们通过对 23 个 OECD 成员国的计算发现，当考虑劳动参与率时，MCF 的值明显变高，那些平均税率较高的高福利的欧洲国家尤其如此。

这里运用他们的模型简要说明考虑劳动参与时的 MCF。劳动经济学经验研究中用于解释劳动供给对参与边际的反应（labor supply responses along the participation margin）的方法是，在分析中引入工作固定成本。这些成本包括孩子抚养成本（child care or commuting costs），用 w 表示固定成本；由于固定成本是异质性（heterogeneity）的唯一来源，w 也用于指数参数（index parameter）。c（w）表示类型 w 的消费者的消费，l（w）表示工作时间。

个人可用于工作和闲暇的时间合计为 1 单位。在税率为 v 时，如果劳动者选择不工作，收到转移支付为 R（0，v），消费水平为 $C_0 = R$（0，v），劳动者的效用为 V（C_0（w），1）；如果劳动者选择工作，获得的劳动收入为 w_iL_i，缴纳的税收为 R（Y_i，v），则劳动者的消费水平为 $C_i = w_iL_i - R$（Y_i，v），相应的效用水平等于 U（C_i，$1-L_i$）$-Q$，其中 Q 为工作的固定成本。

假设一个国家的税收/转移支付函数为 $R(Y_i, v)$，其中 $Y_i = w_i L_i$ 是个人的劳动收入，则个人所得税的边际税率和平均税率分别为：

$$m_i = \frac{\partial R}{\partial Y_i},\ a_i = \frac{R(Y_i, v)}{Y_i}$$

假设工资为 m_i 的人中，征税后有 P_i 的人选择工作，$1-P$ 的人选择不工作，则

$$U = \int_0^{+\infty} u(w)g(w)\mathrm{d}w = \int_0^{\bar{w}} [v(c_p, 1-l_p) - w]g(w)\mathrm{d}w + \int_{\bar{w}}^{+\infty} v(c_n, 1)g(w)\mathrm{d}w \quad (2-35)$$

假设税收政策变动用 Z 来表示，则税收政策变动后消费者效用变动为：

$$\frac{\mathrm{d}U}{\mathrm{d}z} = \int_0^{\bar{w}} \left[v_1 \frac{\mathrm{d}c_p}{\mathrm{d}z} - v_2 \frac{\mathrm{d}l_p}{\mathrm{d}z}\right]g(w)\mathrm{d}w + [v(c_p, 1-l_p) - w - v(c_n, 1)]g(w)\frac{\mathrm{d}w}{\mathrm{d}z} - \quad (2-36)$$

$$\frac{\frac{\mathrm{d}U}{\mathrm{d}z}}{v_1} = \frac{\partial a}{\partial z} wL \quad (2-37)$$

对个人征收的边际税收为：

$$R = \int_0^{\bar{w}} T(wl_p, z)g(w)\mathrm{d}w + \int_{\bar{w}}^{\infty} T(0, z)g(w)\mathrm{d}w \quad (2-38)$$

$$\frac{\mathrm{d}R}{\mathrm{d}z} = \left[\frac{\partial a}{\partial z} - \frac{m}{1-m}\left(\frac{\partial m}{\partial z}\eta^c - \frac{\partial a}{\partial z}\theta\right) - \frac{a+b}{1-m}\frac{\partial a}{\partial z}\delta\right]wL \quad (2-39)$$

式中：δ 为劳动参与弹性。

则

$$MCF = -\frac{\mathrm{d}U/\mathrm{d}z}{v_1 \cdot \mathrm{d}R/\mathrm{d}z} = \frac{1}{1 - \frac{m}{1-m}(\phi\eta^c - \theta) - \frac{a+b}{1-m}\delta} \quad (2-40)$$

式中：$\phi = \frac{\partial m/\partial z}{\partial a/\partial z}$ 用于衡量税制的累进性。

运用式（2－40），Kleven 和 Kreiner 对 OECD 成员国的劳动所得税的 MCF 进行了估量。他们研究的国家很多，这些国家的情况差别较大，对其他国家具有参考价值，因此本书将他们的计算结果复制过来，见表 2－1。

Kleven 和 Kreiner 还进一步分析了引入劳动参与的 MCF 对于税收结构的意义。他们指出，由于对劳动市场的经验研究认为，低收入者的劳动参

与弹性要远高于高收入者的劳动参与弹性，对低收入者征收的劳动所得税的 MCF 相对较高。这个结论和现存的 MCF 文献关于低收入者的劳动所得税的 MCF 较低结论有冲突。Dahlby（1998）曾指出，对低收入的劳动者征收的所得税具有总额税的性质，MCF 的值会较低。这表明，MCF 的值要取决于这两种效应的相对大小。

表 2－1　　OECD 成员国考虑劳动参与效应的劳动所得税的 MCF

国家	$\delta=0.3$，$\eta=0$		$\delta=0.4$，$\eta=0$		$\delta=0.2$，$\eta=0.1$		$\delta=0.2$，$\eta=-0.1$	
	不含转移支付	含转移支付	不含转移支付	含转移支付	不含转移支付	含转移支付	不含转移支付	含转移支付
澳大利亚	1.25	1.49	1.36	1.79	1.3	1.47	1.03	1.14
奥地利	1.75	3.29	2.33	13.88	1.82	2.7	1.14	1.42
比利时	2.99	10.59	8.9	-4.82	3.31	7.01	1.23	1.54
加拿大	1.32	1.52	1.48	1.85	1.38	1.52	1.05	1.13
法　国	1.69	2.2	2.19	3.68	1.72	2.04	1.14	1.28
德　国	2.15	4.8	3.49	-18.01	2.31	3.81	1.17	1.47
希　腊	1.38	1.45	1.58	1.7	1.41	1.46	1.08	1.11
意大利	1.7	1.7	2.23	2.23	1.76	1.76	1.14	1.14
日　本	1.15	1.32	1.21	1.48	1.16	1.27	1.04	1.13
新西兰	1.16	1.34	1.22	1.51	1.16	1.28	1.04	1.14
葡萄牙	1.34	1.84	1.51	2.55	1.36	1.67	1.08	1.26
西班牙	1.38	1.61	1.58	2.03	1.41	1.56	1.08	1.17
瑞　典	1.7	2.75	2.22	6.58	1.71	2.3	1.15	1.39
瑞　士	1.22	1.64	1.32	2.08	1.25	1.5	1.05	1.23
英　国	1.3	1.68	1.44	2.17	1.32	1.57	1.06	1.21
美　国	1.21	1.24	1.29	1.35	1.21	1.24	1.05	1.07

注：1. 来源 Kleven 和 Kreiner（2006），省略了部分国家。
　　2. 他们的研究仅考虑了比例税的情形（$\phi=1$）。

四、使用应税收入弹性计算的 MCF

前三节在分析劳动所得税的 MCF 时，仅考虑税收改变闲暇和消费之间的选择。然而，劳动供给对劳动所得税的反应有很多纬度，计量经济研究发现个人劳动时间的变动没有反映个人对劳动所得税的增加产生的很多重要的反应。这里列举文献已经有所研究的几个重要方面。

第一，劳动所得税收对个人的教育程度、职业选择、工作努力程度的影响以及对所有其他与个人短期的和长期的收入和生产率有关的各个方面的影响。劳动所得税降低了劳动者对提高个人劳动生产率的积极性。

第二，劳动所得税收改变劳动报酬形式。高税率导致个人用更好的工作条件和更多的在职消费替代应税现金收入，人们通常仅将其作为一种导致政府税收减少的避税行为，而没有考虑这种行为同样包含巨大的福利损失。假如个人所得税税率为20%，纳税人愿意通过获得更好的工作条件和更多的在职消费替代应税报酬，直到雇主在这些方面花费单位货币支出的效用等于0.8单位货币收入效用，这1单位支出的效用与0.8单位货币收入效用之间的差距就是纳税人通过这种方式避税的福利成本。

第三，由于某些项目支出可以在劳动收入中扣除，税收导致人们增加对计算税收时可扣除的项目的消费。如某个项目的支出可以在计算税收的收入中扣除，则消费者会更多地消费该商品，直到消费者在该商品上消费的单位货币支出的效用等于单位货币收入的税后价值。

因此为计算劳动所得税的MCF，需要考虑劳动的报酬方式的变化（如非税收入、卫生保健等对劳动工资的替代），避税和逃税的数额。所有这些使税基对税率的弹性与传统的劳动供给弹性相比更加敏感。

Feldstein（1999）在将纳税人对税收的广义反应效应考虑进去后，计算出单位税收的福利损失为1.69，即每单位税收产生的额外福利成本达到1.69，远远高于通常仅考虑劳动供给时间对税收的反应时计算的税收福利成本。

Feldstein的研究受到很大的重视，此后有不少文献按照相同的思路，通过计算应税收入的反应系数来计算MCF。Gruber和Saez（2002）对应税收入的反应系数做了更精细的估量。这里简单介绍这种方法计算MCF的公式。

假定个人的申报的收入为Y，总税收为$R = mY - Z$，其中Z为虚拟收入。由于只有超过X的收入才被征税，虚拟收入是由于平均税率τ小于个人的边际税率m产生的，即$Z = (m - \tau)Y = mX$。故从这个公式可以推出，$\frac{Y}{Y-X} = \frac{m}{\tau}$。

边际税率增加dm，个人的损失为$(Y - X)dm$，税收的增加为$Ydm + mdY - dZ$。个人的应税收入对税后份额的弹性$\eta_Y = \frac{1-m}{Y}\frac{dY}{d(1-m)}$。

$$MCF = \frac{(Y - X)\mathrm{d}m}{Y\mathrm{d}m + m\mathrm{d}Y - \mathrm{d}Z} = \frac{1}{1 + \frac{m}{Y - X}\frac{\mathrm{d}Y}{\mathrm{d}m}}$$

$$= \frac{1}{1 - \frac{m}{1 - m}\frac{1 - m}{Y}\frac{\mathrm{d}Y}{\mathrm{d}(1 - m)}\frac{Y}{Y - X}}$$

$$= \frac{1}{1 - [m/(1 - m)\eta_Y](m/\tau)} \tag{2-41}$$

这里的一个关键参数为 η_Y，这也是很多研究税收的经济学家非常关注的一个参数。一些经济学家对这个参数进行了估量，但他们对应税收入定义的口径存在差异，估量的结果差别较大。对这个参数的估量在国际上也是研究的前沿，Saez、Slemrod 和 Giertz（2009）对应税收入弹性进行了详细的文献综述。

第三节　资本所得税的 MCF

资本是创造社会财富的重要源泉，也是税收的重要来源。居民和企业因拥有资本而获得的收入都会成为课税对象。具体而言，资本所得税包含三种类型，对居民储蓄利得征收的个人所得税、对个体生产经营所得征收的个人所得税和对企业经营利润征收的企业所得税。这三种资本所得税具有不同的特点，需要分别进行分析。

一、居民储蓄利得税的 MCF

这里的居民储蓄是指广义上的储蓄，包含个人的银行存款、购买的股票债券等能为个人带来利息红利等的资本收益。对储蓄利息（或红利等）征收的利得税是个人所得税的一种。

居民储蓄的目的是为了未来消费，对居民储蓄利得征税，相当于对未来消费征税。如果未来消费的价格相对于当期消费上升，会减少居民的储蓄意愿。Dahlby（2008）运用一个简单的两期生命周期模型分析了储蓄的 MCF，他的基本思路就是将对储蓄的征税问题转化为一个对商品征税的问题。假设居民生存两期，第一期居民提供 L 单位的劳动获得工资报酬，工资率为 w，第一期消费为 C_1，储蓄为 S，政府对劳动征税的税率为 τ_L，对消费征税的税率为 τ_c，则居民第一期的储蓄可表达为：

$$S = (1 - \tau_L)wL - (1 + \tau_c)C_1 \tag{2-42}$$

设储蓄的利息率为 r，政府对储蓄利得征税的税率为 τ_r。第二期居民不工作，用第一期储蓄的本息供该期消费，则第二期居民的消费可表达为：

$$(1+\tau_c)C_2=(1+(1-\tau_r)r)S \tag{2-43}$$

结合式（2－42）、式（2－43），消除 S，得到：

$$q_0x_0+q_1C_1+q_2C_2=q_0T \tag{2-44}$$

式中：$q_0=\frac{(1-\tau_L)\ w}{1+\tau_c}$，$q_1=1$，　$q_2=\frac{1}{1+\ (1-\tau_r)\ r}$

政府的税收现值为：

$$PVR=\tau_L wL+\tau_c C_1+P_2\tau_c C_2+P_2\tau_r rS \tag{2-45}$$

式中：定义 τ_S 为对储蓄的税率，即 $\tau_S=\tau_r\cdot r\cdot P_2$。$\tau_S$ 也等于未来消费价格的增长率，即 $\tau_S=\frac{q_2-P_2}{q_2}$，由于储蓄等于未来的消费，即 $S=q_2\ (1+\tau_c)\ C_2$。

因此，政府的税收现值也可以以下式表示：

$$PVR=\tau_L wL+\tau_c C_1+(\tau_c+\tau_s)q_2C_2 \tag{2-46}$$

由于 $q_0L=C_1+q_2C_2$，

$$PVR=\tau_{ec}C_1+(\tau_{ec}+\tau_s)q_2C_2 \tag{2-47}$$

式中：τ_{ec}是实际消费税率，由消费税和工资税复合构成，$\tau_{ec}=\frac{\tau_c+\tau_L}{1-\tau_L}$。

这样，将一个消费者对两期消费的选择问题转化消费者对两种商品的选择问题。储蓄所得税相对增加了未来消费商品的价格。运用本章第一节关于多种商品的 MCF 公式，可得储蓄所得税的 MCF 的表达式：

$$MCF_2=\frac{1}{[1-\tau_{ec}b_1u_1-(\tau_{ec}+\tau_s)b_2u_2]+\tau_{ec}\varepsilon_{21}^c+(\tau_{ec}+\tau_s)\varepsilon_{22}^c} \tag{2-48}$$

式中：ε_{21}^c，ε_{22}^c分别是第一期消费的商品对第二期消费的商品的补偿性价格弹性、第二期消费的商品的补偿性价格弹性；b_i 是消费者对商品 i 的支出份额；u_i 是商品 i 的收入弹性。

Dahlby 的这个模型的作用是非常有限的，因为储蓄不仅会改变税后利润，而且会因为影响储蓄改变资本存量进而改变税前利率。Dahlby 的模型仅分析了作为消费平滑作用的储蓄行为，事实上，一些储蓄的目的是遗赠、预防风险等。这些性质的储蓄具有同平滑消费的储蓄不同的经济效应。如 Aiyagari（1995）认为，预防性储蓄（precautionary saving）导致均衡状态的资本过度积累，需要征收资本利得税让资本的税前回报率等于时间偏好。在这些情况下对储蓄利息税的 MCF 具有怎样的特征，也是很值得研究的。但研究这些问题异常复杂，目前都是使用数值计算的方法进行研究，很难得出分析解。本书使用的 CGE 模型由于包含动态过程，可以考虑储蓄利得税影响储蓄改变资本存量进而改变税前利率效应时的 MCF。

二、企业所得税的 MCF 和个体生产经营所得税的 MCF

对于企业所得税的研究，已经有大量文献。由于企业所得税影响企业投资的跨期选择，运用模型研究企业所得税涉及复杂的动态优化问题，难以得到 MCF 的分析解，故这里只进行定性分析，重点说明企业所得税产生的多重扭曲效应。

企业所得税的扭曲效应有几个层面。第一，企业所得税改变资本和劳动的相对比率。企业所得税降低了资本的收益，减少了投资激励，经济中的资本和劳动比率会低于没有企业税时的情形。第二，企业所得税导致资本在征收企业所得税的正规部门和不征收企业所得税的非正规部门之间重新分配。第三，由于上述两种效应进而改变企业生产的商品的价格。

Dahlby（2008）认为，企业所得税一般是对高收入阶层征收的，具有较强的收入分配功能。他使用静态模型分析了企业所得税的 MCF。重点考虑企业所得税的收入分配效应，即在 MCF 的计算中，考虑资本和劳动收入的分配权重。

个体生产经营所得税是个人所得税的一部分。个体生产经营所得税的征收对象是个体生产经营等非正规部门。非正规部门由于生产规模不大，生产经营核算资料不完善，税收征管难度较大。一般而言，个体生产经营所得税的税率要低于企业所得税的税率，资本会过多地投入非正规部门。从理论上讲，如果提高个体生产经营的税率，正规生产部门和非正规生产部门的资本面临的税负更加均衡，会改善资本的配置效率。但从收入分配的角度来看，个体生产经营者很多都是社会低收入群体，低税率有利于社会分配公平。

本书使用的 CGE 模型将资本分为正规部门资本和非正规部门资本，对正规部门资本征收企业所得税，对非正规部门资本不征收企业所得税，但征收个体生产经营所得税。因此模型可以模拟上述所说的几种效应。但如前面所述，这里计算的 MCF 没有考虑分配效应，观察结果时应该注意这点。

第四节　小　结

本章对本书要估量的几种主要税种的 MCF 进行了理论分析。着重分析了这些税收的扭曲效应，以及这些税种的 MCF 的各种影响因素。此外，本书还分析了各种经济环境下的 MCF。

本章的分析对于理解运用 CGE 模型得出的结论具有重要价值。本章分析了许多特殊情况的 MCF，由于目前我国还缺乏这方面的数据，很难进行定量研究，但可以作为理论准备，当条件具备的时候就可以进行定量分析，对于完善我国税收的定量研究具有重要意义。

第三章 用于估量 MCF 的可计算一般均衡（CGE）模型

本书的目的是运用 CGE 模型对我国税收的 MCF 进行定量分析。CGE 模型产生于 20 世纪 60 年代，但和 CGE 模型有关的一些经济理论发源却很早。经过几十年的发展，通常构建的 CGE 模型都具有比较复杂的结构，包含很多方程和变量。

本章首先介绍 CGE 的理论基础，即一般均衡理论，和 CGE 的基本原理，然后详细说明本书使用的 CGE 模型的基本结构、数学模块、数据来源、模型校准和模型求解。

第一节 一般均衡分析方法与 CGE 模型

一、经济问题的一般均衡分析

实际经济的各个组成部分是相互联系的，经济的一个部分的变动会影响经济的其他部分，其他部分变动还会反过来影响经济的这一部分。为了分析的方便，对某些问题的研究可以忽略各个市场的相互作用，运用局部均衡分析问题。局部均衡方法具有简单直观的优点，局部均衡方法在分析一个市场的问题时，通常不考虑这一市场的问题对其他市场的影响及其反馈效应。但是，对某些问题的研究，使用局部均衡分析方法可能得到不合适的结论。

例如研究资本所得税时，如图 3－1 所示，假设有两个部门，第一个是正规部门，需要缴纳企业所得税，另一个是非正规部门，不需要缴纳企业所得税，在不存在税收的情况下，正规部门的资本存量为 K_1，非正规部门

的资本存量为 K_2；均衡状态下两个部门的资本回报率相等。则缴纳所得税后，正规部门的资本回报低于非正规部门。正规部门的资本转移到非正规部门，达到均衡状态时，正规部门和非正规部门的税后净收益相等，此时，正规部门的资本存量为 K'_1，非正规部门的资本存量为 K'_2。

如果不考虑企业所得税导致资本在正规部门与非正规部门之间的转移关系，分析企业所得税的经济影响就可能得不到正确的结论。

现实经济中对于这样的问题只有考虑经济部门之间的相互作用才能进行恰当的分析。但进行这样的分析比局部分析复杂很多，因此需要建立一个合理的分析框架将需要考虑的因素整合起来。

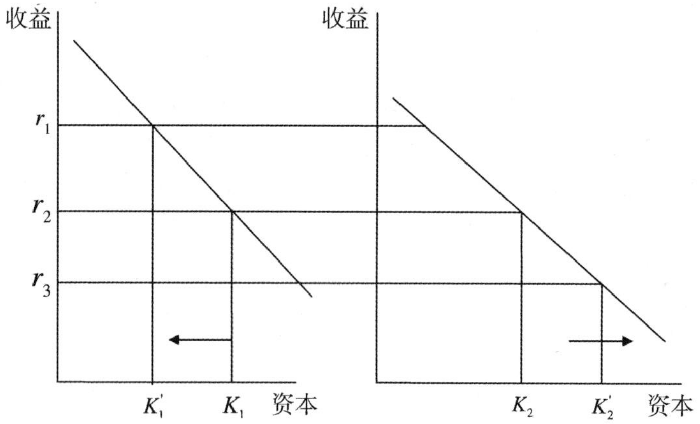

图 3-1　资本税的效应分析

二、一般均衡理论的发展

经济中的各个部分存在复杂的相互联系，人们在日常经验中可以很容易察觉到。但从理论上对经济的相互联系进行进行分析，始于 Walras 1874 年的专著《纯粹经济学要义》。Walras 将经济系统看作一个整体，研究其中各要素之间复杂的相互作用和相互依存关系。一般均衡理论分析经济系统中存在的均衡，以及在外生冲击下供需不平衡导致的价格变动使供需关系趋向新的均衡的经济运动过程。

根据 Walras 定理，满足下列条件的经济状态称为一般均衡状态：①在生产要素和商品的价格一定的条件下，每一个消费者都根据自己的预算约束选择自己认为最优的商品组合和要素供给，以实现自身效用的最大化；②在技术水平、资源和市场一定的情况下，每一个生产者都努力谋求最大利润，但长期利润为零；③在现有价格下，在商品和要素市场上供需均衡，不存在超额需求。

以 Walras 的一般均衡结构为基础，Arrow、Debreu 和其他学者在 1950 年提出了一般均衡分析的思想，并形成了著名的“Arrow－Debreu”模型。“Arrow－Debreu”模型用严格的数学形式表达一般均衡理论，使一般均衡思想在理论上更加严谨，为一般均衡理论的进一步发展奠定了一个良好的基础。

在一般均衡分析中有一个重要的假定，即均衡是存在的。均衡解的存在性首先由 Arrow 和 Debreu（1954）给出了严格的证明，以后 Debreu（1959）、Arrow 和 Hahn（1971）分别对上述证明结论给予了补充。

但是，“Arrow－Debreu”模型本身是抽象的理论模型，无法直接应用于对实际经济问题的分析。而且早期没有算法能够数值求解复杂的一般均衡模型。因此，尽管均衡解的存在性得到了证明，但是这些证明并不能告诉我们如何得到均衡价格。

三、CGE 模型简介

（一）CGE 模型的原理

Walras 的一般均衡理论模型提供了一个评估政策对资源配置影响的有效框架。但一般均衡理论模型是对实际经济的抽象刻画，难以直接用于对现实经济的数量分析。可计算一般均衡（computable general equlibrium，CGE）模型是将一般均衡理论模型从对经济的抽象描述转变为能反映实际经济的现实模型。它的基本思想是利用投入产出分析方法对经济的分类，将抽象的一般均衡模型转变为可以直接面向实际的应用模型，然后运用实际经济数据设定模型中的生产和消费的参数，最后运用这些模型评估经济政策。CGE 模型被广泛应用于对经济政策的分析，能够比较全面地分析政府经济政策对经济各个方面产生的影响。

（二）CGE 模型发展历程

Johanson（1960）构建了第一个可计算一般均衡模型。在他的博士论文《A Multisectoral Study of Economic Growth》中，Johansen 提出了一个多部门的经济模型，即 MSG 模型（multisector growth model，MGM），并具体求解了这个模型。Johanson 的 MSG 模型使得抽象的理论一般均衡模型转化为可用于实际经济问题分析的可计算一般均衡模型；而且 Johanson 计算均衡解的方法后来也被广泛使用，虽然他的方法并不能保证模型能够得到均衡解。

1967 年，Scarf 给出了一种用于数值求解一般均衡模型的算法，这个算法具有确定的收敛性质，即在有限步骤内可以得到确定解，该算法对于促进美国的 CGE 模型应用发挥了重要的作用。

20 世纪 60 年代经济计量模型的应用占据着统治地位，但传统的计量模型在处理 20 世纪 70 年代能源危机中的表现不令人满意，含有主体优化行为的 CGE 模型更适合模拟外部冲击或政策变化的影响；再加上有效的数值求解算法和数值求解软件的发展，CGE 模型从 20 世纪 70 年代开始得到迅速发展。

（三）CGE 模型建模及应用的一般过程

CGE 模型建模及应用的一般过程如图 3－2 所示。首先，依据所要研究的问题构建 CGE 模型的结构；其次，选定某一年作为基准年，假设所研究的经济系统在该年处于均衡状态，并以该年的数据为基础构建基准均衡数据集；再次，通过校准的方法产生一组模型参数，这组参数能够使模型再现基准年的数据均衡，并且模型需要通过一系列检验以确保其有效性；最后，利用模型计算经济系统在政策变化或外部冲击下所形成的新的均衡状态，并通过比较基准年的均衡状态和新的均衡状态之间的差别，分析政策变化或外部冲击对经济系统的影响。

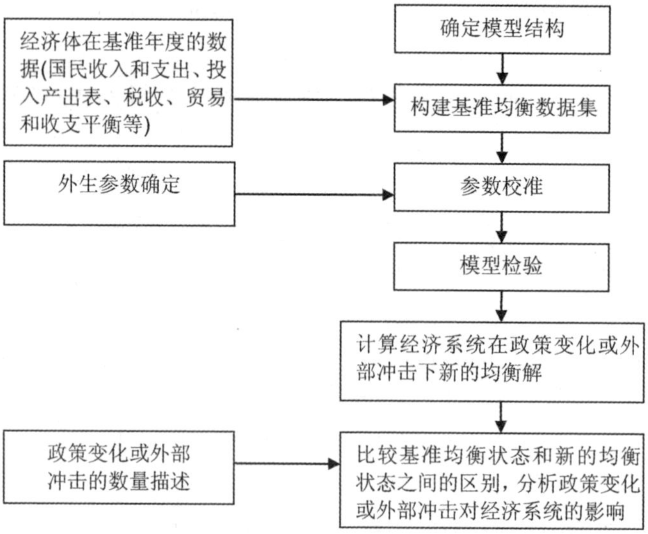

图 3－2　CGE 模型建模及应用的一般过程（Greenaway 等，1993）

（四）CGE 模型的应用领域

CGE 模型传统的应用领域在于税收政策评价和国际贸易问题分析，这方面的应用可以回溯到 20 世纪 60 年代［Johanson（1960）和 Harberger（1962）］。

CGE 模型在税收政策评价领域的应用重点在于检验所提议的政策（如采用新的税制或废除进口关税等）对效率和分配的影响；另一个重点是对 MCF 的估量与分析。本书文献综述部分给出了很多实例。

CGE 模型在国际贸易问题分析领域的应用分为一国模型和多国模型。一国模型主要考察外贸的变化如何影响一国的经济，而多国模型则主要考察一些全球问题，诸如自由贸易区的建立对各成员国经济的响。有关 CGE 模型在贸易领域的应用参见 Shoven 和 Whalley（1984）的文章。

CGE 模型的第三大应用领域是关于发展政策的研究，世界银行最早运用 CGE 模型研究发展中国家的发展政策，主要用来定量分析发展中国家改革政策的影响及可行性。关于这类 CGE 模型的理论分析和应用实例可参见 Dervis 等（1982）、Robinson 和 Tyson（1985）的论述。

CGE 模型另外一个重要的应用领域是能源政策研究。能源对于任何一个国家的经济来说都是至关重要的，能源政策题与一个国家经济的各个方面诸如价格形成、产出决定、收入形成分配、消费行为、政府作用都有着密切的联系。CGE 模型提供了进行这种系统分析的框架，因而被广泛应用于能源政策分析。

CGE 模型第五大应用领域就是环境经济研究，CGE 模型在该领的应用相比前面几个领域来说发展较晚，但发展很快。CGE 模型在该领域的应用涉及能源与环境、污染控制与经济发展等方面。

（五）国内开展的 CGE 模型应用研究

近年来，国内学者也已经开展了 CGE 模型的应用研究，并开发了一些分析国内问题的 CGE 模型。国内在 CGE 模型应用研究方面相对较晚，目前涉及的领域主要集中在税制改革、贸易自由化和碳税政策分析，见表 3－1。

表 3－1　　　　部分国内 CGE 模型应用研究实例

作者	模型结构	应用领域
翟凡，李善同（1999）	46 部门、动态	贸易、经济增长、产业结构、收入分配和环境问题
李善同，翟凡（1999）	24 部门、动态	结构变化与污染排放

续表

作者	模型结构	应用领域
李善同，等（2002）	53 部门、动态	加入 WTO 对中国经济影响与对策
郑玉歆，樊明太（1999）	118 部门、静态	贸易自由化、碳税政策
李雪松（2000）	40 部门、动态	国际贸易
贺菊煌，等（2002）	9 部门、静态	碳税政策
刘明（2009）	14 部门，静态	税收
刘明（2009）	14 部门，动态	税收

四、运用 CGE 模型分析 MCF 的优点

在文献综述部分对运用 CGE 模型分析 MCF 的优点已经有所论述，这里结合本书的研究进行总结。

CGE 模型可以在一个统一的框架下对多个税种的 MCF 进行估量。在现有定量研究 MCF 的文献里，使用局部均衡分析方法估量 MCF 时通常每次都只分析某一税种，无法同时估量各个税种的 MCF。某些公共项目运用某一税种筹集资金在经济上没有效率，但运用别的税种筹集资金可能是有效率的。对于税制结构优化方案的设计来说，只估量单一税种的 MCF 对此不能有所帮助。而在 CGE 模型中，可以将所有主要税种都嵌入模型，从而可以在一个模型框架下估量这些税种的 MCF，对这些税种的 MCF 进行比较分析。

CGE 模型可以对同一税种各个行业的税收的 MCF 进行分析。我国税收征管体制还不完善，税收征收率在行业间差别很大，分析税收时，如果忽视行业间税率差别的影响，就会得出不合理的结果。CGE 模型能将税收的这些特点在模型中加以反映，比较适合用于税收的分析。

CGE 模型可以较合理地对估量资本所得税的 MCF。资本所得税影响资本收益，进而通过影响投资而影响资本存量。这个过程中包含非常复杂的关系，在动态一般均衡框架下相对可以比较合理地模拟资本所得税的效应。

第二节 CGE 模型结构

一、CGE 模型基本结构

CGE 模型的结构反映了宏观经济各个组成部分的相互关系，包括生

产、分配、消费、进出口和储蓄/投资等。CGE 模型利用经济学家对经济各个局部组成部分的数量分析和定量研究，在一般均衡的框架下将它们组织起来，从而可以分析经济中某一部分变动对经济整体和经济各个组成部分变动的影响，为定量分析经济政策建立一个“实验室”。

CGE 模型中的方程是对经济中不同行为主体行为特征的模拟。其中生产和消费行为分别满足利润和效用最大化。此外，模型还包括一些限制条件，这些条件是系统自动满足的，包括投资和储蓄、政府收入和支出、要素和商品市场的供给和需求、外汇账户平衡等。图 3－3 所示为本书使用的 CGE 模型的结构。由于模型的复杂性，图 3－3 仅反映了 CGE 模型的主要结构，模型中有些关系在图中没有反映。

以下分别介绍模型的基本构成，包括居民行为、生产结构、收入分配和消费、宏观均衡和动态结构。

（一）居民行为的设定

模型采用代表性家庭（representive household）行为假设，消费者拥有劳动禀赋和资本，消费者同时决定要素供给和消费。消费者的效用函数为：

$$U = U[H(\prod x_i^{\alpha_i}, l), C_f]$$

式中：H 为商品消费 x_i 与闲暇 l 复合构成的当期效用函数；U 为当期效用 H 与预期未来消费 C_f 所构成的总效用函数；闲暇 l 为消费者劳动禀赋 E 减去劳动供给 L，即 $l = E - L$；另外假定 C_f 是消费者储蓄 s 的函数，而消费者的储蓄 s 由利率决定。

消费者在工资、利率和商品价格给定的条件下，选择最优的闲暇 l、劳动供给 L、商品消费 x_i 和储蓄 s。

（二）生产结构的设定

根据现有数据条件，模型将生产分为 14 个行业，每个行业的资本和劳动通过 CES 函数复合构成增加值，增加值和行业总中间投入通过 CES 函数复合构成行业总产出；行业总中间投入由该行业对各个行业的中间投入通过 Leontief 生产函数构成；资本由正规部门资本（企业、事业单位、政府等使用的资本）和非正规部门资本（个体经营者、承包经营等使用的资本）通过 CES 复合构成；国内生产的产品通过 CET 函数转化为内销产品和出口产品，内销产品和进口产品通过 CES 函数复合构成国内商品总供给。

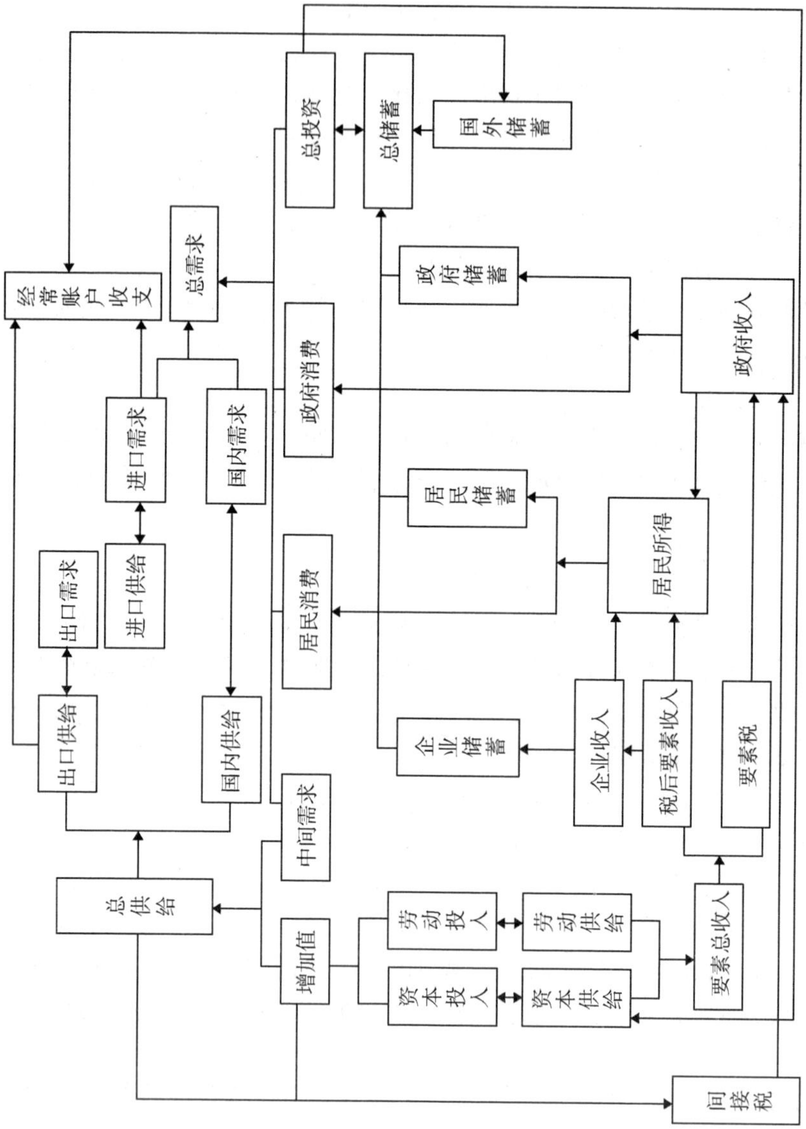
经常账户收支
总需求
总投资
总储蓄
国外储蓄
政府储蓄
政府消费
政府收入
进口需求
国内需求
出口需求
进口供给
居民储蓄
居民所得
居民消费
出口供给
国内供给
企业储蓄
企业收入
税后要素收入
要素税
中间需求
总供给
增加值
劳动投入
劳动供给
资本投入
资本供给
要素总收入
间接税

图 3-3 CGE 模型结构

（三）收入分配和使用

生产使用资本和劳动需要支付要素报酬，资本要素所得首先向政府缴纳要素所得税，然后分配给企业和居民。企业保留部分资本收入，其余分配给居民。居民的收入为劳动要素收入、个人资本经营收入、资本利得和政府转移收入；居民需向政府缴纳个人所得税，剩余的收入部分用于购买商品，其余部分储蓄。政府的财政收入包括资本收入，营业税、增值税和消费税等流转税，对企业征收的企业的所得税，和对居民征收的个人所得税；财政支出包括对居民的转移支付和政府购买，结余部分作为政府储蓄。

（四）宏观均衡

模型包含3个宏观均衡：储蓄/投资均衡、要素市场均衡和商品市场均衡。

储蓄由居民储蓄、企业储蓄、政府储蓄和国外储蓄构成；储蓄转化为投资和存货增加。各个生产部门的劳动需求和资本需求之和分别等于当期劳动总供给和资本总供给。国内商品总需求包括中间投入需求、家庭需求、投资需求和存货增加需求，国内商品总需求之和等于国内商品总供给。

（五）动态结构

本模型使用静态（static 或 myopic）预期假定。居民每期仅根据当期收入决定当期消费和储蓄，未来可能的收入变动对当期消费没有影响。当期的储蓄影响下期的资本存量。为了便于分析，模型假定长期增长趋势为稳态增长（steady-state growth），产出增长为固定速率 g，假定有效劳动以同样的速率 g 增长，g 设定为0.08。每期均衡中，假设市场是完全竞争的，要素完全被利用，没有外部性，要素可以完全流动。基期均衡复制基期均衡数据，在无外生冲击的情况下，以后各期均衡按比例增长，价格变量（price variables）保持不变，数量变量（quantity variables）按 g 的速率增长，构成基准均衡序列（benchmark equilibria sequence）。

二、CGE 模型数学模块

从数学形式上看，CGE 模型是一组非线性方程，方程的数量等于变量的个数。为了说明的方便，将模型的方程为分为7个模块，它们分别是生产模块、贸易模块、收入模块、居民消费模块、其他消费模块、宏观均衡模块和动态模块。下面以模块为单位介绍模型的各个方程。

模型中方程所用的符号的书写规则为：大写字母代表内生变量；带有

上横线的大写字母代表外生变量；希腊字母或小写字母代表参数。为了说明的简洁性，在不影响理解时方程中变量和参数的时间纬度被省略。

（一）生产模块

1. 国内总产出

在生产结构最顶层的每个行业的总产出是增加值和总中间投入的 CES 函数：

$$QA_a = \alpha_a^a \cdot (\delta_a^a \cdot QVA_a^{\rho^a} + (1 - \delta_a^a) \cdot QINTA_a^{\rho^a})^{\frac{1}{\rho^a}} \qquad (3-1)$$

式中：$a \in A$，A 是活动的集合；α_a^a 是处于最顶端的技术嵌套的活动的 CES 复合函数的效率系数；δ_a^a 是活动的 CES 复合函数的份额参数；ρ^a 是活动 CES 复合函数的指数；QA_a 是活动的总数量；QVA_a 是总增加值的数量；$QINTA_a$ 是总中间投入的数量。

对于每个行业的生产，扣除营业税和其他生产税，税收总收入完全分配给行业的中间投入和行业的增加值，即活动的收入等于活动的成本：

$$(1 - ta_a - tx_a) \cdot PA_A \cdot QA_A = PVA_a \cdot QVA_a + PINTA_a \cdot QINTA_a \qquad (3-2)$$

式中：ta_a 是对活动 a 的营业税税率；tx_a 是对活动 a 征收的其他税率；PA_A 是活动 a 的价格；PVA_a 是活动 a 的总增值的价格；$PINTA_a$ 是总中间投入的价格。

在利润最大化时，中间投入与增加值的最优组合是中间投入与增加值的价格的函数：

$$\frac{\delta_a^a}{1 - \delta_a^a} = \frac{PVA_a \cdot QVA_a^{(1-\rho_a^a)}}{PINTA_a \cdot QINTA_a^{(1-\rho_a^a)}} \qquad (3-3)$$

2. 中间投入

假定每个行业的生产对各个行业的中间需求与每个行业的总中间需求服从 Leontief 函数，即总中间投入乘以固定的中间投入系数：

$$QINT_{c,a} = ica_{c,a} \cdot QINTA_a \qquad (3-4)$$

式中：$ica_{c,a}$是每单位总中间投入 a 需要的商品 c 的数量；$QINT_{c,a}$是活动 a 所需要的中间投入中商品 c 的数量。

总中间投入的价格可表示为各行业商品的价格与相应的中间投入系数的乘积之和：

$$PINTA_a = \sum_{c \in C} ica_{c,a} \cdot PQ_c \qquad (3-5)$$

式中：PQ_c 是商品 c 的价格。

3. 增加值

各个行业的增加值水平是劳动和资本的 *CES* 函数：

$$QVA_a = \alpha_a^{va} \cdot (\delta_a^{va} \cdot LD_a^{\rho^{va}} + (1 - \delta_a^{va}) \cdot KD_a^{\rho^{va}})^{\frac{1}{\rho^{va}}} \tag{3-6}$$

式中：α_a^{va} 是增值的 CES 复合函数的效率系数；ρ^{va} 是增值的 CES 复合函数的指数；δ_a^{va} 是增值的 CES 复合函数的份额系数；LD_a 是活动 a 需要的劳动数量；KD_a 活动 a 需要的总资本数量。

扣除增值税后，每个行业的增加值分配给劳动和资本：

$$(1 - tva_a) \cdot PVA_A \cdot QVA_A = WAGE_a \cdot LD_a + PK_a \cdot KD_a \tag{3-7}$$

式中：$WAGE_a$ 是劳动的工资水平；PK_a 是含折旧和资本所得税的资本总回报率。

在利润最大化时，各个行业的劳动与资本的最优组合是劳动与资本的报酬的函数：

$$\frac{\delta_a^{va}}{1 - \delta_a^{va}} = \frac{WAGE_a \cdot LD_a^{(1-\rho_a^{va})}}{PK_a \cdot KD_a^{(1-\rho_a^{va})}} \tag{3-8}$$

4. 总资本

各个行业的总资本是正规部门资本和非正规部门资本的 CES 函数：

$$KD_a = \alpha_a^k \cdot (\delta_a^k \cdot FK_a^{\rho_a^k} + (1 - \delta_a^k) \cdot NK_a^{\rho_a^k})^{\frac{1}{\rho_a^k}} \tag{3-9}$$

式中：α_a^k 是总资本的 CES 复合函数的效率系数；δ_a^k 是总资本的 CES 复合函数的份额系数；ρ_a^k 是总资本的 CES 复合函数的指数；FK_a 是正规部门资本的数量；NK_a 是非正规部门资本的数量。

如果该行业没有非正规部门资本，总资本等于正规部门资本：

$$KD_a = FK_a \tag{3-10}$$

对于每个行业的资本，扣除折旧后的资本收益完全分配给行业的正规资本和非正规资本及相应的企业所得税和个体生产经营所得税：

$$(PK_a - IPI \cdot dept_a) \cdot KD_a = (1 + tfk_a) \cdot RK \cdot FK_a + (1 + tnk_a) \cdot RK \cdot NK_a \tag{3-11}$$

式中：IPI 是投资的价格指数；RK 是资本税后的收益率；$dept_a$ 是活动 a 的折旧率；tfk_a 是对正规部门资本征税的税率；tnk_a 是对非正规部门资本征税的税率。

在模型中，假定正规部门资本和非正规资本部门的税后收益率是相等的。

在利润最大化时，各个行业的正规资本与非正规资本的最优组合是正规资本与非正规资本的税率的函数：

$$\frac{\delta_a^k}{1-\delta_a^k}=\frac{(1+tfk_a)FK_a^{(1-\rho_a^k)}}{(1+tnk_a)NK_a^{(1-\rho_a^k)}} \tag{3-12}$$

总折旧等于各部门折旧之和：

$$DEP=\sum_a dept_a\cdot KD_a \tag{3-13}$$

式中：DEP 是一个年度的资本总折旧。

5. 国内行业产出

国内各个行业产出的商品数量等于生产活动乘以相应的产出系数：

$$QXAC_{a,c}=\theta_{a,c}\cdot QA_a \tag{3-14}$$

式中：$\theta_{a,c}$是每单位活动 a 生产的商品 c 数量；$QXAC_{a,c}$是活动 a 生产的商品 c 的数量。

国内各个行业生产活动的价格为各个活动生产的商品价格乘以相应的产出系数之和：

$$PA_a=\sum_c\theta_{a,c}\cdot PXAC_{a,c} \tag{3-15}$$

式中：$PXAC_{a,c}$是活动 a 生产的商品 c 的价格。

6. 国内商品生产

国内生产的各个行业的商品为各生产活动生产的同一行业的商品的 CES 复合函数：

$$QX_c=\left(\sum_a\delta_{a,c}^{ac}\cdot QXAC_{a,c}^{\rho_c^{ac}}\right)^{\frac{1}{\rho_c^{ac}}} \tag{3-16}$$

式中：$\delta_{a,c}^{ac}$是国内商品生产函数中的份额系数；ρ_c^{ac} 是国内商品生产函数中的指数；QX_c 是国内商品 c 的数量。

利润最大化的一阶条件为：

$$PXAC_{a,c}\cdot QXAC_{a,c}^{(1-\rho_c^{ac})}=\delta_{a,c}^{ac}\cdot PX_c\cdot QX_c^{(1-\rho_c^{ac})} \tag{3-17}$$

7. 国内产出转化

国内生产的商品分配给国内生产的出口商品和国内生产的内销商品，国内生产的商品是口商品和内销商品的 CET 函数：

$$QX_c=\alpha_c^t\cdot\left(\delta_c^t\cdot QE_c^{\rho_c^t}+(1-\delta_c^t)\cdot QD_c^{\rho_c^t}\right)^{\frac{1}{\rho_c^t}} \tag{3-18}$$

式中：QE_c 是国内商品 c 的出口数量；QD_c 国内商品 c 的内销数量；α_c^t 是 CET 函数的效率系数；δ_c^t 是 CET 函数的份额系数；ρ_c^t 是 CET 函数的指数。

如果国内生产的商品没有出口，国内生产的总商品等于国内生产的内销商品：

$$QX_c = QD_c$$

在给定出口商品的价格和内销商品的价格时，国内生产的商品的产出价值等于内销商品的价值和出口商品的价值之和：

$$PX_c \cdot QX_c = PE_c \cdot QE_c + PD_c \cdot QD_c \qquad (3-19)$$

式中：PE_c 为国内商品 c 的出口价格；PD_c 为国内商品 c 的内销价格。

在利润最大化时，各个行业的出口商品的价格和内销商品的最优组合是出口商品的价格和内销商品的价格的函数：

$$\frac{\delta_c^t}{1-\delta_c^t} = \frac{PE_c \cdot QE_c^{(1-\rho_c^t)}}{PD_c \cdot QD_c^{(1-\rho_c^t)}} \qquad (3-20)$$

8. 国内商品供给

国内各个行业商品供给包括相应行业的进口商品和国内生产的内销商品，商品供给是进口商品和国内生产的 CES 函数，其关系为：

$$QQ_c = \alpha_c^m \cdot (\delta_c^m \cdot QM_c^{\rho_c^m} + (1-\delta_c^m) \cdot QD_c^{\rho_c^m})^{\frac{1}{\rho_c^m}} \qquad (3-21)$$

式中：QQ_c 是总商品供给；QM_c 是进口数量；α_c^m 是国内商品的 CES 复合函数的效率系数；δ_c^m 是国内商品的 CES 复合函数的份额系数；ρ_c^m 是国内商品的 CES 复合函数的指数。

如果该行业没有进口，国内供给的商品供给等于国内生产的内销商品：

$$QQ_c = QD_c$$

在给定出口商品的价格和内销商品的价格时，国内供给的商品的销售价值等于内销商品价值和进口商品价值之和：

$$(1-tq_c) \cdot PQ_c \cdot QQ_c = PM_c \cdot QM_c + PD_c \cdot QD_c \qquad (3-22)$$

式中：tq_c 是消费税税率。

国内供给的总商品供给的一阶条件为：

$$\frac{\delta_c^m}{1-\delta_c^m} = \frac{PM_c \cdot QM_c^{(1-\rho_c^m)}}{PD_c \cdot QD_c^{(1-\rho_c^m)}} \qquad (3-23)$$

（二）贸易模块

1. 进口商品

出口商品数量为出口商品的国外价格的函数：

$$QE_c = ECONT_c \cdot PWE_c^{\sigma_c^e} \qquad (3-24)$$

式中：PWE_c 出口商品的国际价格；$ECONT_c$ 是出口的常数；σ_c^e 是出口商品的价格弹性。

出口商品价格等于：

$$PE_c = EXR \cdot PWE_c \tag{3-25}$$

2. 出口商品

进口商品的数量为进口商品的国外价格的函数：

$$QM_c = MCONT_C \cdot PWM_c^{\sigma_c^m} \tag{3-26}$$

式中：PWM_c 是进口商品的国际价格；$MCONT_C$ 是进口的常数；σ_c^m 是进口商品的价格弹性。

进口商品的价格等于：

$$PM_c = (1 + tvam_c) \cdot (1 + tf_c) \cdot EXR \cdot PWM_c \tag{3-27}$$

式中：tf_c 是进口商品 c 的关税税率；$tvam_c$ 是进口商品 c 的增值税税率。

（三）收入分配模块

1. 要素报酬

劳动的总收入等于国内劳动报酬加上国外向国内劳动的支付：

$$YL = \sum_a WAGE \cdot LD_a + rowtrl \cdot EXR \tag{3-28}$$

式中：YL 是国内总劳动报酬；$rowtrl$ 是国外转移给国内劳动的收入。

2. 企业收入

企业收入等于正规资本收入减去资本支付给国外的报酬和政府的资本收益：

$$CY = \sum_a RK \cdot FK_a - ktrrow \cdot EXR - ktrgov \cdot CPI \tag{3-29}$$

式中：CY 是企业的总收入；$ktrrow$ 是资本转移给国外的收入；$ktrgov$ 是资本支付给政府的收入。

企业的储蓄等于企业的收入减去企业分配给家庭的收入：

$$CSAV \cdot IPI = (1 - CDIST) \cdot CY \tag{3-30}$$

式中：$CDIST$ 是企业总收入分配给家庭的份额；$CSAV$ 是企业的总储蓄。

3. 家庭收入

家庭的总收入等于劳动报酬加上非正规资本收入，加上政府的转移支付，再加上国外向家庭的转移支付：

$$YH = YL + \sum_a RK \cdot NK_a + CDIST \cdot CY + gtrhh \cdot CPI + rowtrhh \cdot EXR \tag{3-31}$$

式中：$gtrhh$ 是政府对家庭的转移支付；$rowtrhh$ 是国外对家庭的转移支付；YH 是家庭的收入；

家庭的可支配收入等于家庭的总收入减去工资税收和企业红利税：

$$YD = YH - wt \cdot YL - rt \cdot CDIST \cdot CY \tag{3-32}$$

式中：YD 是家庭的可支配收入；wt 是工资税率；rt 是资本税率。

扩大的（即包含闲暇）的家庭收入等于家庭可支配收入加上闲暇的总价值：

$$YI = YD + PL \cdot HL \tag{3-33}$$

式中：YI 是扩大的（即包含闲暇）的家庭收入；PL 是闲暇的价格；HL 是闲暇的数量。

闲暇的价格等于税后工资：

$$PL = WAGE \cdot (1 - wt) \tag{3-34}$$

4. 政府收入

政府总收入等于增值税、营业税、关税、消费税、个人所得税、企业所得税等税收，加上政府的资本收入：

$$\begin{aligned} YG = {} & \sum_a tva_a \cdot PVA_a \cdot QVA_a + \sum_a (ta_a + tx_a) \cdot PA_a \cdot QA_a + \\ & \sum_c tf_c \cdot PM_c \cdot QM_c + \sum_c tvam_c \cdot (1 + tf_c) \cdot PM_c \cdot QM_c + \\ & \sum_c tq_c \cdot PQ_c \cdot QQ_c + wt \cdot YL + rt \cdot CDIST \cdot CY + \\ & \sum_a (tfk_a \cdot RK \cdot FK_a + tnk_a \cdot RK \cdot NK_a) + ktrgov \cdot CPI \end{aligned} \tag{3-35}$$

式中：YG 是政府的总收入。

（四）居民消费模块

居民储蓄购买投资商品 S，投资商品 S 由各个行业的商品复合构成。资本服务为 K，用资本的收益衡量。储蓄商品是新增的资本服务，每单位储蓄产生 γ 单位资本服务，每单位资本服务可获得 RK 的净收益率。储蓄用于未来的消费，则未来的消费满足等式：$RK \cdot \gamma \cdot S = PHC \cdot FC$，其中 PHC 为复合商品价格，FC 为未来的消费。等式两端同时乘以投资价格指数 IPI，可得到式（3-36）：

$$IPI \cdot S = \frac{IPI \cdot PHC}{RK \cdot \gamma} \cdot FC \tag{3-36}$$

未来消费的价格定义为：

$$PFC = \frac{IPI \cdot PHC}{RK \cdot \gamma} \tag{3-37}$$

式中：PFC 是未来消费的价格；PHC 是消费的总商品的价格。

未来消费的数量为：

$$FC = \frac{HS \cdot IPI}{PFC} \tag{3-38}$$

式中：HS 是家庭的储蓄；FC 是家庭的未来消费。

家庭消费的效用为家庭当期消费的总商品数量和家庭未来消费的总商品数量的 CES 函数：

$$HU = (\delta^{th} \cdot TH^{\rho^{u}} + \delta^{fc} \cdot FC^{\rho^{u}})^{\frac{1}{\rho^{u}}} \tag{3-39}$$

式中：TH 是家庭当期消费的总商品数量；FC 是家庭将来消费的总商品数量；δ^{th} 是家庭效用的 CES 复合函数的份额系数；ρ^{u} 是家庭效用的 CES 复合函数的指数。

家庭消费的预算约束为：

$$YI = PTH \cdot TH + PFC \cdot FC \tag{3-40}$$

式中：PTH 是家庭当期消费的总商品价格。

家庭消费的一阶条件为：

$$\frac{\delta^{th}}{\delta^{fc}} = \frac{PTH \cdot TH^{(1-\rho^{u})}}{PFC \cdot FC^{(1-\rho^{u})}} \tag{3-41}$$

当期消费由当期消费的商品和当期闲暇的 CES 复合函数构成：

$$TH = (\delta^{h} \cdot HC^{\rho^{c}} + \delta^{l} \cdot HL^{\rho^{c}})^{\frac{1}{\rho^{c}}} \tag{3-42}$$

式中：δ^{h} 是 CES 函数的份额系数；ρ^{c} 是当期消费的 CES 复合函数的指数。

当期消费的预算约束为：

$$PTH \cdot TH = PHC \cdot HC + PL \cdot HL \tag{3-43}$$

式中：HC 是家庭消费的复合商品总数量。

当期消费的一阶条件为：

$$\frac{\delta^{h}}{\delta^{l}} = \frac{PHC \cdot TH^{(1-\rho^{c})}}{PL \cdot HL^{(1-\rho^{c})}} \tag{3-44}$$

当期消费的复合商品由当期消费的各商品的 Cobb-Douglas 函数复合构成：

$$HC = \alpha^{hc} \cdot \prod_{cc} QH_{cc}^{\beta_{cc}} \tag{3-45}$$

式中：$cc \subset C$ 是家庭消费的商品的集合；QH_{cc} 是家庭消费的商品 cc 的数量；α^{hc} 是复合商品的效率系数；β_{cc} 是复合商品的指数。

当期消费的复合商品的一阶条件为：

$$QH_{c} \cdot PQ_{c} = \beta_{c} \cdot PHC \cdot HC \tag{3-46}$$

（五）其他消费模块

1. 政府消费

政府的总消费等于政府总收入减去政府向家庭的转移支付、政府向世界的转移支付和政府的储蓄：

$$EG = YG - (gtrhh \cdot CPI + gtrrow \cdot EXR + GSAV \cdot IPI) \quad (3-47)$$

式中：EG 是政府的消费总价值。

消费的价格指数为消费的各商品的价格乘以消费的各商品在总消费中的权重：

$$CPI = \sum_{c} cwts_c \cdot PQ_c \quad (3-48)$$

式中：$cwts_c$ 是家庭的消费价格指数中消费 c 的权重。

政府对各商品的数量等于政府的总价值乘以政府消费的价格指数中消费 c 的权重：

$$QG_c = (GC + DG) \cdot icg_c \quad (3-49)$$

式中：icg_c 是政府的消费价格指数中消费 c 的权重；QG_c 是政府购买的商品 c 的数量；DG 是政府消费的变化。

政府消费的价格指数等于各商品的价格乘以政府消费的各商品的权重：

$$GPI = \sum_{c} PQ_c \cdot icg_c \quad (3-50)$$

式中：GPI 是政府消费价格指数。

2. 固定资产投资

投资对各商品的数量等于投资的总价值乘以投资的价格指数中消费 c 的权重：

$$QINV_c = INV \cdot ici_c \quad (3-51)$$

式中：ici_c 是投资的价格指数中消费 c 的权重；$QINV_c$ 是投资购买的商品 c 数量；INV 是总投资。

投资的价格指数等于各商品的价格乘以各商品的权重：

$$IPI = \sum_{c} PQ_c \cdot ici_c \quad (3-52)$$

3. 存货

存货对各商品的数量等于存货的总价值乘以存货的价格指数中消费 c 的权重：

$$QDST_c = SC \cdot ics_c \quad (3-53)$$

式中：$QDST_c$ 是国内存货 c 的数量；ics_c 是存货的价格指数中消费 c 的权

重；SC 是国内总存货的价值。

存货的价格指数等于各商品的价格乘以各商品的权重：

$$SPI = \sum_{c} PQ_c \cdot ics_c \tag{3-54}$$

式中：SPI 是存货的价格指数。

（六）宏观均衡模块

1. 资本和劳动市场均衡

劳动总需求等于劳动总供给。劳动总需求等于各行业对劳动的需求加上闲暇：

$$\sum_{a} LD_a + HL = TE \tag{3-55}$$

式中：TE 是国内劳动数量。

资本总需求等于资本总供给。资本总需求等于正规部门资本需求和非正规部门资本需求：

$$\sum_{a} (NK_a + FK_a) = KS \tag{3-56}$$

式中：KS 是国内资本数量。

2. 商品市场均衡

总商品供给等于总商品需求。其中，总商品需求等于中间投入需求、家庭消费需求、政府消费需求、投资需求和存货需求：

$$QQ_c = \sum_{a} QINT_{c,a} + QH_c + QG_c + QINV_c + QDST_c \tag{3-57}$$

3. 外汇市场均衡

外汇支出等于外汇收入。外汇支出包括进口支出、政府向国外的转移和资本向国外的支付，外汇收入包括出口收入、国外储蓄、国外向家庭的转移支付和国内付给国内的劳动报酬：

$$\sum_{c} PWM_c \cdot QM_c + gtrrow + ktrrow = \sum_{c} PWE_c \cdot QE_c + FSAV + rowtrhh + rowtrl \tag{3-58}$$

式中：$FSAV$ 是国外储蓄。

4. 投资/储蓄

总储蓄等于总投资。其中，总储蓄包括家庭储蓄、企业储蓄、政府储蓄、国外储蓄和折旧，投资包括固定资产投资和存货增加：

$$(HS + CSAV + GSAV) \cdot IPI + FSAV \cdot EXR + DEP \cdot IPI = INV \cdot IPI + SC \cdot SPI + WALRAS \tag{3-59}$$

式中：*WALRAS* 是储蓄和投资的差额。

5. GDP 计算

国内 GDP 等于家庭消费、政府消费、国内存货和净出口之和：

$$GDP = \sum_c PQ_c \cdot QH_c + \sum_c PQ_c \cdot QG_c + \sum_c PQ_c \cdot QINV_c + \sum_c PQ_c \cdot QDST_c + \sum_c PE_c \cdot QE_c - \sum_c PM_c \cdot QM_c \tag{3-60}$$

式中：*GDP* 是国内 GDP 总量。

（七）动态结构

当期资本等于上期资本加上上期资本投资扣除折旧：

$$KS_t = KS_{t-1} + (INV_{t-1} - DEP_{t-1}) \cdot \gamma \tag{3-61}$$

第三节 税收在模型中的处理方式

我国税收以流转税和所得税为双主体。其中，增值税、营业税、企业所得税和个人所得税 4 个税种无论从组织收入，还是政策功能，都发挥着极其重要的作用。其中，国内增值税和营业税两者的比重占到全部税收的 50% 左右，企业所得税占 20% 左右，个人所得税占 7% 左右。消费税是在征收增值税的基础上，选择一些特定消费品征收，目前我国消费税征收范围较小，不符合模型要求，本书不予以考虑。关税的社会福利效应更多地和规模经济、市场结构等相关，本书使用的模型不能模拟相关的效应。为保持账户平衡，其他税种在模型中全部放在一个账户里，不进行分析。

需要说明的是，2012 年我国开始在上海实行营改增试点，2016 年 5 月 1 日我国全面推行营改增试点，目前我国已经不再征收营业税。由于本文需要模拟营改增的经济效应，因此在模型中对税收的处理上，仍需要按营改增前的税制进行设置，然后对营改增政策进行模拟分析。

本书的分析以上述 4 个税种为主，税种在模型中的处理方法见表3－2。下面对各个税收的处理方法进行详细说明。

表 3－2　　模型对税种的处理方法

税种	模型处理方法
增值税	对行业的增值部分征收的从价税
营业税	对行业的营业额征收的从价税

续表

税种		模型处理方法
企业所得税		对行业正规部门资本征收的税
个人所得税	工资薪金和劳务报酬部分	对劳动要素的所得征收的税
	利息、股息和红利等利得部分	对储蓄利得征收的税
	个人经营资本收益部分	对行业非正规部门资本征收的税

一、增值税

根据《中华人民共和国增值税暂行条例》规定，纳税人销售或者进口货物，以及应税劳务（包括提供加工、修理修配劳务）的增值税税率一般为17%；部分货物，包括粮食、食用植物油、自来水、暖气、冷气、煤气、图书、报纸、杂志、饲料、化肥等的增值税税率2017年6月30日之前为13%，自2017年7月1日起，税率调整为11%；纳税人出口货物的税率一般为零。应纳税额为当期销项税额抵扣当期进项税额后的余额。

在模型处理中，视为对行业增值部分征收的从价税。增值税主要针对第二产业（除建筑业①）与批发和零售贸易业，同时涉及部分劳务，是对征收增值税的应税商品或劳务在流转过程中增值部分征收的从价税，对每个行业而言，其实际税率采用对该行业征收的增值税税额与该行业增加值的比率来表示②。

二、营业税

根据《中华人民共和国营业税暂行条例》规定，在中华人民共和国境内提供条例规定的劳务、转让无形资产或者销售不动产的单位和个人，为营业税的纳税人，应当依照条例缴纳营业税。应纳税额计算公式：应纳税额 = 营业额 × 税率。营业税税目税率见表3-3。

在模型处理中，营业税视为对应税行业总产出征收的从价税。对每个行业而言，其实际税率采用对该行业征收的营业税税额与该行业总产出的比率来表示。

---

① 全面推开营改增后，建筑业、房地产业也纳入试点范围。

② 由于对部分行业征收的是营业税，其他征收增值税的行业购买这些行业的产品作为中间品投入时，无进项税额可抵扣。征收增值税的行业会为使用这些行业的中间投入缴纳额外的税收。但在以前的研究中发现，如果取消因购买这些行业的产品作为中间投入缴纳的额外税收，对经济的影响并不大，为了避免模型的过度复杂，模型的实际税率采用对该行业征收的增值税税额与该行业增加值比率来表示。

表 3-3 营业税税目税率表

行业	交通运输业	建筑业	金融保险业	邮电通信业
名义税率(%)	3	3	5	3
行业	文化体育业	娱乐业	服务业	转让无形资产和销售不动产
名义税率(%)	3	5~20	5	5

三、企业所得税

根据《中华人民共和国企业所得税法》规定,在中华人民共和国境内,企业和其他取得收入的组织为企业所得税的纳税人,应缴纳企业所得税。企业每一纳税年度的收入总额,减除不征税收入、免税收入、各项扣除以及允许弥补的以前年度亏损后的余额,为应纳税所得额。企业的应纳税所得额乘以适用税率,减除依照该法关于税收优惠的规定减免和抵免的税额后的余额,为应纳税额。在 2008 年之前,执行的是《中华人民共和国外商投资企业和外国企业所得税法》和《中华人民共和国企业所得税暂行条例》。在 2008 年新《企业所得税法》实施之后,企业所得税的税率一般为 25%。

在模型处理中,企业所得税视为对行业使用资本量所征收的税。Stiglitz(1973)认为,由于利息可以从企业所得税税前进行扣除,企业使用的通过债券融资得到的资本服务不需要交纳企业所得税,因此,企业通过债券融资,企业所得税没有扭曲效应。但从实际情况看,企业不可能所有投资资金都通过债券融资取得,因而,本书采用 Ballard 等(1985)的处理方式,即假定边际投资是根据债券和股权的基期比例融资获得,不改变资本结构,其实际税率采用行业企业所得税税额与行业资本总量之间的比率①来表示。

四、个人所得税

根据《中华人民共和国个人所得税法》规定,从中国境内和境外取得的所得,需要缴纳个人所得税。个人所得税的税率:

①工资、薪金所得,适用超额累进税率,税率为 5%~45%;②个体

① 关于资本所得税税率,本书使用平均税率,Ballard 等(1985)亦采用此方式。而 Fullerton 和 Henderson(1989)分析资本税的边际福利成本时,使用的是边际实际税率。资本所得的边际税率是指对新增资本的报酬适用的税率或对现有资本报酬增加部分适用的税率。关于边际税率与平均税率的比较分析可见 Fullerton(1983)的论述。

工商户的生产、经营所得和对企事业单位的承包经营、承租经营所得，适用5%～35%的超额累进税率；③稿酬所得，适用比例税率，税率为20%，并按应纳税额减征30%；④劳务报酬所得，适用比例税率，税率为20%。对劳务报酬所得一次收入畸高的，可以实行加成征收，具体办法由国务院规定；⑤特许权使用费所得，利息、股息、红利所得，财产租赁所得，财产转让所得，偶然所得和其他所得，适用比例税率，税率为20%。

在模型处理中，除了财产租赁所得、财产转让所得、偶然所得和其他所得，将个人所得税分为三类情形进行讨论。第一类，劳动所得税，是对于个人劳动要素收入（包括工资、薪金、劳务报酬等）征收的个人所得税，我国对这项要素收入实行超额累进征收办法。在模型中，实际税率采用税额与劳动要素收入比率来表示。第二类，储蓄利得税，是对个人通过拥有银行存款、股票、债券等资产而获得的利息、股息和红利部分征收的个人所得税，其实际税率采用税额与利息、股息和红利收入比率来表示。第三类，个体生产经营所得税，是对个体经营所得和承包经营所得等个人经营资本收益所得征收的个人所得税，由于数据取得难度大，本书将采取特定方式，即假设对各行业个人经营资本征收的所得税税率相等的方式对其进行处理，其实际税率采用个人经营资本缴纳的所得税额与社会非正规资本之和的比率来表示。

为保持数据的平衡，个人所得税的其他部分，包括财产租赁所得、财产转让所得、偶然所得和其他所得，放在一个单独的账户里，不进行模拟。

第四节　数据来源

CGE 模型需要的数据主要是某期的社会核算矩阵和一些弹性系数。本节介绍 SAM 的编制和弹性系数的来源。

一、社会核算矩阵编制

（一）社会核算矩阵介绍

CGE 通常假定某期实际经济处于均衡状态，作为模型的基准（benchmark），通过校准（calibration）方法为模型的参数赋值，让模型能够复制（replication）基准经济数据，然后分析外生冲击对经济的影响。

CGE 模型需要一期与模型结构相一致的基期数据集，这一数据应满足以下条件：①所有商品的需求等于供给；②所有产业利润为零；③所有经济主体满足预算约束；④国际收支平衡。社会核算矩阵（social accounting matrix，SAM）满足上述条件，它成为 CGE 模型最通用的标准数据组织形式。

SAM 是对一定时期内一国（或地区）各种经济行为主体之间发生的交易数额的全面而又一致的记录，它在一个统一的框架内将投入产出表和宏观经济账户结合起来，通常被用作 CGE 建模的数据基础。它作为国民经济核算的一种表现手段，所采用的概念、分类和核算原则与国民收入账户核算基本保持一致。SAM 不仅继承了国民收入账户的概念，运用矩阵方法以平衡、封闭的形式记录了国家（或地区）国民经济各账户的核算数据，而且还对现有的投入产出表进行了扩充，使其不仅能表现生产部门与生产部门及非生产部门之间的投入产出、增加值形成和最终支出的关系，还能描述非生产部门之间的经济相互往来关系。SAM 不仅具有全面、综合、简洁的特点，还具有较强的账户分解与合并的灵活性。它可以在遵循联合国国民核算体系（system national accounting，SNA）分类基本原则的基础上，根据侧重研究的问题对生产部门、商品部门、机构部门进行详尽的分解与合并。

SAM 作为社会核算的一种形式，受到政策分析者和建模者的欢迎。自从 20 世纪 60 年代第一个 SAM 作为剑桥增长项目的一部分在 Richard Stone 爵士的领导下建立以来，SAM 在理论基础、框架结构、乘数分解、关联分析、数据处理等方面得到了全面研究和拓展（Defourny 和 Thorbecke，1984；Golan 和 Vogel，2000；Pyatt，1988；Pyatt，1991a；Pyatt，1991b；Pyatt 和 Round，1985；Round，2003）。许多国家都建立了它们的社会核算矩阵，用于税收分析和收入分配等。

构建 SAM 通常有两个方面的作用：一是组织信息，用来分析一个国家或地区在特定年份中的经济特征和社会结构，如用于分析地区的贸易依存度、居民收入差距及地区基尼系数等。二是为经济模型提供数据支持，如为 CGE 模型提供具有一致性的基础数据。SAM 为构建 CGE 模型所要求的复杂经济数据集提供了一个内容详细、逻辑清晰、结构灵活的框架。SAM 的结构可以根据研究目的的不同以及数据的可得性进行细分或合并，让所研究的部分尽可能详细地在 SAM 中得到描述，对其他部分进行高度概括。

（二）SAM 的原理

SAM 基于以下经济原则：对于任何收入或收益都有相应的支出或费用，收入等于支出。SAM 可表示为：

$$T = \{t_{ij}\}, i = 1,2,\cdots,n; j = 1,2,\cdots,n;$$

式中：n 是矩阵的维数，也即 SAM 的账户数，矩阵的行表示账户的收入，列表示相应的支出；t_{ij}是从账户 j 支出到账户 i 的交易值。矩阵的行之和与列之和相等：

$$\sum_{i=1}^{n} t_{ik} = \sum_{j=1}^{n} t_{kj}, \forall k \in [1,n]$$

因此，SAM 满足 Walras 法则，如果除了一个账户之外的其他账户均是平衡的，则剩下的一个账户也是平衡的。这个性质与新古典一般均衡模型相符。

SAM 在生产部门、要素、机构的层次上为整个经济的复杂联系提供了一个综合一致的核算框架。SAM 的核心是各账户的收支构成和相互平衡。在一个均衡的经济状态下，这些账户平衡意味着：生产者的成本（包括利润）等于收益；每一个经济主体的收入等于支出（包括税收和储蓄）；每一商品的需求等于供给。

SAM 中的每一个非零元素表示一项经济交易活动。这些交易可以分为三类：第一类是“市场交易”；第二类是“转移支付”；第三类是“金融交易”。

一般来说，SAM 的编制要经过 3 个步骤：①建立一个部门集结的宏观 SAM，以为下一步细分的 SAM 提供一致的宏观经济框架。②根据想要分析的问题，对部分账户进行细分。在细分的过程中，宏观 SAM 中的单元项数据成为各拆分后的向量或子矩阵的控制数。③当分解后的 SAM 表出现账户收支不一致时，采用一定的处理技术（如 RAS 或 Cross-Entropy）使其平衡。编制 SAM 的主要数据来源有投入产出表、统计年鉴、政府财政年鉴和税收年鉴、城乡居民生活调查等。

表 3 -4 是本书使用的宏观 SAM 结构。下面从收入方的角度逐行解释矩阵中的每个元素。活动账户的收入是货物和服务销售到商品账户所得到的收入。商品账户的收入来源于 5 个部分，即出售到活动账户的中间投入、出售给居民和政府的消费品、到资本账户的投资品、存货和出口。劳动要素收入包括生产活动产生的增加值付给劳动的报酬和世界其他地区的要素服务收入。正规资本要素收入包括生产活动产生的增加值付给正规资本的报酬和世界其他地区的要素服务收入。非正规资本要素收入包括生产活动产生的增加值付给非正规资本的报酬。企业折旧包括生产活动因消耗资本提取的折旧。

表 3 –4　　**CGE 模型使用的 SAM 结构**

项目	1. 活动	2. 商品	3. 劳动	4. 正规部门资本	5. 非正规部门资本	6. 折旧	7. 家庭	8. 企业	9. 政府	10. 储蓄/投资	11. 存货	12. 世界其他地区(ROW)	总计
1. 活动		总产出											
2. 商品	中间投入						家庭消费		政府消费	投资	存货	出口	
3. 劳动	劳动报酬											从 ROW 得到的劳动要素收入	
4. 正规部门资本	资本报酬											从 ROW 得到的资本要素收入	
5. 非正规部门资本	资本报酬												
6. 折旧	折旧												
7. 家庭			家庭劳动收入		家庭资本收入			企业支付给家庭的红利	政府对家庭的转移支付			ROW 的转移支付	
8. 企业				企业资本收入									
9. 政府	增值税、营业税等	消费税、关税等		政府资本收入			个人所得税	企业所得税					
10. 储蓄/投资						折旧	家庭储蓄	企业储蓄	政府储蓄			国外储蓄	
11. 存货										存货			
12. 世界其他地区(ROW)		进口											
总计													

家庭的收入包括5部分，即家庭的劳动收入、家庭的经营资本要素收入、企业支付给家庭的红利、政府对家庭的转移支付和ROW的转移支付；企业的收入主要是企业资本收入；政府的收入包括增值税、营业税、消费税、关税、个人所得税、企业所得税等税收和政府资本收入。

储蓄/投资账户以国内储蓄和国外储蓄的形式获得，其中国内储蓄包括折旧、家庭储蓄、企业储蓄、政府储蓄等。投资是意愿性储蓄，存货是储蓄投资账户中扣除意愿性储蓄的部分。世界其他地区账户的收入来源于商品的进口和要素服务的进口。

通过以上对SAM账户关系的解释可以看到，SAM从生产、要素、机构的层次上为整个经济的复杂联系提供了一个综合一致的核算框架。

（三）宏观SAM编制

为了让分析的结论具有现实意义，需要尽可能使用最新的数据。根据我国现有的统计数据条件，本书构建了2007年社会核算矩阵。

编制宏观SAM的数据来源包括2005年投入产出表、2005年资金流量表（见2008年《中国统计年鉴》）、2007年国民经济核算数据（见2008年《中国统计年鉴》）、2007年税收数据（见2008年《中国税务年鉴》）。

表3-5是宏观SAM中各个项目的数据来源及其处理方法。表3-6是本书编制的2007年宏观SAM。

表3-5　宏观SAM的数据来源与处理

行	列	数据来源	数据处理
活动	商品	SAM本身	活动账户的列总量
商品	活动	I/O表	增加值已知，利用I/O表中中间投入与增加值的比率计算得到
	家庭	国民经济核算数据	直接提取
	政府	国民经济核算数据	直接提取
	储蓄/投资	国民经济核算数据	直接提取
	存货	国民经济核算数据	直接提取
	世界其他地区	国际收支平衡表	需将美元转化为人民币
劳动	活动	国民经济核算数据	直接提取

续表

行	列	数据来源	数据处理
正规部门资本、非正规部门资本	活动	资金流量表和国民经济核算数据	先从国民经济核算数据获得总资本收入，然后根据资金流量表企业部门和住户部门资本收入的比重进行分解
折旧	活动	国民经济核算数据	直接提取
家庭	劳动	SAM 本身	等于劳动账户的行总量
	非正规部门资本	SAM 本身	等于劳动账户的行总量
	企业	资金流量表	乘以国民经济增长倍数
	政府	国民经济核算数据	财政支出中社会保障补贴、抚恤补贴、价格补贴、支持落后地区支出等项目
企业	正规部门资本	资金流量表	根据资金流量表正规资本分配给企业和政府部门的收入比重进行分解
政府	活动	国民经济核算数据	直接提取
	商品	国民经济核算数据	直接提取
	正规部门资本	国民经济核算数据	直接提取
	家庭	国民经济核算数据	直接提取
	企业	国民经济核算数据	直接提取
储蓄/投资	折旧	SAM 本身	折旧行总量
	家庭	SAM 本身	家庭行余量
	企业	SAM 本身	企业行余量
	政府	SAM 本身	政府账户行余量
	世界其他地区	SAM 本身	ROW 账户行余量
存货	储蓄/投资	国民经济核算数据	直接提取
世界其他地区（ROW）	商品	国际收支平衡表	需将美元转化为人民币
	资本	国际收支平衡表	先计算净资本收益，然后将美元转化为人民币
	劳动	国际收支平衡表	先计算净劳动收益，然后将美元转化为人民币

表 3 - 6 **2007 年宏观 SAM** 单位:亿元

项目	活动	商品	劳动	正规部门资本	非正规部门资本	折旧	家庭	企业	政府	储蓄/投资	存货	世界其他地区(ROW)	总计
活动		263242. 50											263242. 50
商品							93317. 20		35127. 40	105093. 50	6323. 90	102061. 25	341923. 25
劳动	106544. 04											329. 85	106873. 88
正规资本	64198. 40											1622. 48	65820. 88
非正规资本	15397. 22												15397. 22
折旧	40483. 80												40483. 80
家庭			106873. 88		15397. 22			10774. 01	5161. 26			2938. 73	141145. 10
企业				62115. 16									62115. 16
政府	36619. 05			3705. 72			3185. 58	9674. 99					53185. 33
储蓄/投资						40483. 80	44642. 32	41666. 17	12896. 67			-28271. 56	111417. 40
存货										6323. 90			6323. 90
世界其他地区(ROW)		78680. 75											78680. 75
总计	263242. 50	341923. 25	106873. 88	65820. 88	15397. 22	40483. 80	141145. 10	62115. 16	53185. 33	111417. 40	6323. 90	78680. 75	

（四）详细 SAM 编制

SAM 的分解就是根据研究需要对 SAM 中部分账户进行细化，将宏观 SAM 中的部分数据以子矩阵的形式代替。一般来说，SAM 分解的程度取决于两个因素：一个是研究问题的需要；另一个是数据的可获取性。

1. 账户的细化

（1）行业细化。将宏观 SAM 中商品和活动账户的行和列分解成若干具体的行业。投入产出表有 42 个行业，但由于《中国税务年鉴》中只有增值税、营业税和所得税等主要税种的 14 个行业的数据，因此将 SAM 分解为 14 个行业，这些行业和投入产出表的 42 个行业的对应关系见表3－7。

表 3－7　SAM 行业与投入产出行业的对应关系

编号	SAM 行业名称	2005 年投入产出行业名称
1	农业	农业
2	采掘业	煤炭开采和洗选业
		石油和天然气开采业
		金属矿采选业
		非金属矿采选业
3	轻工业	食品制造及烟草加工业
		纺织业
		服装皮革羽绒及其制品业
		木材加工及家具制造业
		造纸印刷及文教用品制造业
4	重工业	石油加工、炼焦及核燃料加工业
		化学工业
		非金属矿物制品业
		金属冶炼及压延加工业
		金属制品业
		通用、专用设备制造业
		交通运输设备制造业
		电气、机械及器材制造业
		通信设备、计算机及其他电子设备制造业
		仪器仪表及文化办公用机械制造业
		其他制造业
		废品废料

续表

编号	SAM 行业名称	2005 年投入产出行业名称
5	电气水生产与供应业	电力、热力的生产和供应业
		燃气生产和供应业
		水的生产和供应业
6	建筑业	建筑业
7	交通运输仓储邮政业	交通运输及仓储业
		邮政业
8	计算机软件业	信息传输、计算机服务和软件业
9	批发和零售贸易业	批发和零售贸易业
10	住宿和餐饮业	住宿和餐饮业
11	金融保险业	金融保险业
12	房地产业	房地产业
13	租赁和商务服务业	租赁和商务服务业
		旅游业
14	其他	科学研究事业
		综合技术服务业
		其他社会服务业
		教育事业
		卫生、社会保障和社会福利事业
		文化、体育和娱乐业
		公共管理和社会组织

（2）税收细化。宏观 SAM 中政府部门要进一步细化，分为增值税、营业税、消费税、企业所得税、个体经营所得税、进口增值税、出口退税、关税和其他税收等账户。

2. 编制过程

（1）最终需求分解。各个行业的最终需求包括 4 个主要部分：居民消费（C）、政府消费（G）、固定资产投资（I）、存货（S）和净出口［出口（E）减去进口（M）］。将总家庭消费、政府消费、投资、存货和进出口用投入产出系数分解为家庭消费、政府消费、投资、存货和进出口对各个行业的需求，结果见表 3－8。

表 3－8 **最终需求** 单位：亿元

部门	家庭消费	政府消费	固定资产投资	存货	出口	进口
1	13695.23	372.36	1919.49	1640.49	894.29	2224.67
2	279.87	0.00	0.00	－2009.44	1071.56	4876.25
3	20285.49	0.00	360.54	12269.36	22350.18	5519.11
4	11353.24	0.00	38910.02	－254.82	60915.91	58429.26
5	2582.36	0.00	0.00	－1543.11	82.33	28.11
6	0.00	0.00	53865.67	－5530.72	316.50	171.33
7	4891.06	787.42	1904.76	－128.65	4597.89	2614.52
8	3089.67	0.00	984.77	171.57	416.18	278.17
9	4767.72	0.00	2281.89	－1140.01	6817.18	0.00
10	5887.14	0.00	0.00	821.08	796.20	1261.09
11	4536.71	0.00	0.00	－1220.42	84.79	778.59
12	6900.97	0.00	4585.53	－1299.42	0.00	0.00
13	1282.90	140.82	0.00	961.25	949.91	1292.89
14	13764.84	33826.79	280.83	3586.75	2768.34	1206.76

注：这里为了表达的方便，用部门编号代替部门名称，以下同。

（2）中间投入和增加值分解。根据宏观平衡方程，国内总供给等于国内总需求：

$$X + M = AX + C + G + I + E$$

式中：A 为中间投入系数；X 为总产出。

变换可得，总产出为：

$$X = (I - A)^{-1}(C + G + I + S + E - M)$$

则各行业的中间投入为：

$$T = AX$$

各行业的增加值为：

$$VA_j = X_j - \sum_i T_{ij}$$

通过上述关系可求出各个行业的中间投入和各个行业的增加值。中间投入见表 3－9。增加值进一步按照各个行业的劳动资本关系分解为行业的劳动报酬和行业的资本报酬。资本报酬扣除资本要素税（企业所得税和个体经营税）后，进一步根据投入产出表里的系数分解为折旧、正规资本收益和非正规资本收益，见表 3－10。各个行业税收的数据可从《2008 年税务年鉴》获得，见表 3－11。

表 3－9 **中间投入** 单位：亿元

项目	1	2	3	4	5	6	7	8	9	10	11	12	13	14
1	8391. 58	131. 08	21227. 91	2955. 27	17. 59	4938. 85	497. 10	3. 33	276. 53	2057. 37		1. 53	41. 04	341. 27
2	203. 81	1125. 62	533. 52	21663. 51	6432. 54	921. 27	196. 54	19. 93	24. 46	93. 20	6. 56	45. 44	26. 36	557. 94
3	4849. 27	315. 92	32757. 09	6161. 67	196. 39	1524. 17	544. 24	429. 70	1064. 89	4315. 22	313. 62	40. 89	1390. 19	5548. 61
4	5951. 15	5720. 84	13448. 69	158430. 06	7718. 54	23208. 24	9975. 69	4248. 48	1981. 79	592. 87	658. 67	452. 10	5766. 16	11986. 42
5	763. 82	2714. 36	2357. 07	15345. 08	2563. 01	961. 87	671. 55	615. 86	462. 39	652. 27	223. 06	146. 89	274. 51	1857. 61
6	73. 28	37. 33	36. 38	158. 38	28. 84	49. 78	347. 74	144. 07	98. 90	244. 76	183. 64	262. 78	68. 48	1409. 62
7	1197. 39	1121. 09	3070. 76	9751. 78	1077. 86	1878. 00	4333. 19	165. 19	570. 05	288. 11	459. 75	109. 15	496. 64	1844. 55
8	82. 39	305. 81	677. 44	2920. 03	202. 30	1803. 73	329. 57	321. 93	371. 21	170. 21	671. 25	51. 95	250. 39	1287. 18
9	638. 03	371. 50	2683. 67	6424. 86	788. 03	688. 03	361. 94	251. 02	187. 84	346. 95	61. 54	27. 89	314. 97	1156. 43
10	107. 40	265. 68	752. 34	1919. 34	120. 47	299. 37	505. 26	142. 65	551. 45	299. 25	552. 75	173. 49	565. 45	3450. 61
11	588. 31	330. 82	826. 48	2682. 75	767. 20	278. 80	1628. 95	93. 34	678. 66	298. 20	906. 85	645. 85	433. 78	875. 89
12	13. 47	14. 02	188. 21	389. 53	7. 40	6. 44	60. 87	116. 20	257. 85	79. 70	474. 54	72. 98	168. 87	1070. 70
13	136. 42	288. 60	2206. 40	4650. 46	109. 40	1238. 50	488. 56	207. 68	967. 50	395. 36	469. 36	480. 63	649. 96	935. 05
14	744. 49	840. 49	1263. 17	3539. 79	1043. 14	730. 03	412. 70	442. 68	618. 65	154. 26	281. 76	54. 11	513. 77	3605. 88

表 3－10　　增加值分解　　单位：亿元

项目	1	2	3	4	5	6	7	8	9	10	11	12	13	14
劳动	26772. 78	2926. 63	8750. 01	20548. 52	2201. 41	6729. 61	4072. 74	1201. 22	4602. 75	1651. 61	3323. 71	1275. 78	1566. 06	20921. 21
企业资本	1053. 95	3144. 70	5768. 57	17964. 06	2851. 55	1902. 96	4193. 73	2225. 65	3673. 20	1801. 46	1228. 83	3874. 49	969. 60	3870. 63
非企业资本	2418. 51	940. 68	1520. 73	2067. 82	341. 40	880. 23	1854. 45	626. 20	1096. 31	449. 91	251. 30	495. 61	283. 98	1733. 01
折旧	2023. 19	2380. 30	4247. 03	11671. 35	1860. 33	1621. 60	3523. 90	1661. 60	2778. 90	1311. 74	862. 38	2546. 19	730. 39	3264. 90

表 3－11　　各行业税收　　单位：亿元

项目	1	2	3	4	5	6	7	8	9	10	11	12	13	14
企业税	2. 67	1088. 02	675. 24	1566. 61	439. 55	298. 85	337. 41	514. 95	1255. 03	49. 73	1700. 76	1057. 77	296. 41	392. 02
个体经营税	70. 66	27. 48	44. 43	60. 41	9. 97	25. 72	54. 18	18. 29	32. 03	13. 14	7. 34	14. 48	8. 30	50. 63
营业税	0. 00	0. 00	0. 00	0. 00	0. 00	1412. 13	552. 76	245. 96	0. 00	282. 25	1060. 62	1791. 12	809. 90	428. 05
增值税	0. 07	1691. 35	2068. 94	7306. 72	1673. 99	1. 59	0. 38	2. 76	2711. 63	0. 35	0. 04	0. 10	1. 92	150. 20
其他生产税	9. 68	508. 10	218. 25	3680. 90	183. 62	106. 13	122. 17	345. 60	1792. 69	54. 94	121. 63	487. 70	131. 91	1277. 33

二、弹性系数

（一）替代弹性系数

CGE 模型中有一类参数，如一些刻画经济主体的行为并对结果有重要影响的参数（如各种弹性系数，包括生产函数、要素需求函数、家庭需求函数、进口函数和出口函数中的弹性系数），在数据可获得情况下，可以用计量经济学方法估计，也可以从相关文献中获取，或根据经验设定然后进行敏感性分析。弹性系数反映具有替代关系的两种元素随相对价格变动而变动的程度。国内外都有一些关于替代弹性的计量结果。这里介绍本书使用的替代弹性的值和来源。

中间投入与增加值之间的替代弹性与资本与劳动之间的替代弹性来自樊明太（1999）的计量结果，出口与内销商品之间的替代弹性和进口商品与内销商品之间的替代弹性来自 GTAP，见表 3－12。

表 3－12　　替代弹性

弹性 行业	中间投入与增加值之间的替代弹性	资本与劳动之间的替代弹性	出口商品与内销商品之间的替代弹性	进口商品与内销商品之间的替代弹性
1	0.20	0.24	3.00	3
2	0.20	0.20	3.00	2.9
3	0.20	1.12	3.00	2
4	0.20	1.26	3.00	3
5	0.20	1.26	3.00	2.8
6	0.20	1.68	3.00	1.9
7	0.20	1.68	3.00	1.9
8	0.20	1.26	3.00	1.9
9	0.20	1.26	3.00	1.9
10	0.20	1.26	3.00	1.9
11	0.20	1.26	3.00	1.9
12	0.20	1.26	1.9	1.9
13	0.20	1.26	1.9	1.9
14	0.20	1.26	1.9	1.9

各个正规资本和非正规资本替代弹性采用 Fullerton 和 Henderson（1989）设定的值，假设等于 1.01。

（二）进出口弹性系数

关于出口需求与进口供给的价格弹性，很多模型都采用小国模型假定，即假设弹性为无穷大，即价格保持不变。近年来，我国的外贸在世界经济中的地位越来越重要，假定我国的进出口不会影响国际价格已不合适，本书假定出口需求弹性为 -30，进口供给弹性为 30。

（三）储蓄弹性和劳动供给弹性

当期效用 H 和预期未来消费 C_f 之间的替代弹性系数与商品消费的复合和闲暇 l 之间的替代弹性系数需要由劳动对工资的供给弹性和储蓄对利率的弹性推导出来。国内尚无劳动供给弹性和储蓄供给弹性的计量数据，本书采用 Ballard 等（1985）使用的值。对于劳动供给弹性，采用 0.15 为主要估计值，同时采用 0.00 和 0.30 进行敏感性分析；对于储蓄供给弹性，采用 0.40 为主要估计值，同时采用 0.00 和 0.80 进行敏感性分析。

第五节 模型的校准

参数估计是 CGE 模型构建过程中重要的一个环节。CGE 模型中参数估计的理想方法是用计量经济学方法估计，但由于数据等条件的限制，CGE 模型的参数估计一般不用计量经济学方法（Adams 和 Higgs，1990）。通常使用校准（calibration）方法为 CGE 模型中的参数赋值，参数的估计结果应满足与 SAM 一致性的要求，即用该参数得到的模型初解应与基期均衡值一致，否则应继续调整参数，直到满足一致性要求为止。

一、校准方法介绍

校准，是指假设模型所描述的经济系统在基期处于一个给定框架下的均衡状态，利用所构造的基期 SAM，求出模型中的相关参数，从而使模型的数值解能复制出基期的数据（翟凡，1997）。

CGE 模型的校准过程实际上是用 SAM 和模型方程求解模型参数。由于 SAM 中包含有各项交易的名义值，在确定了基年商品和要素价格的情况下，可以得出所有商品和要素的实际数量，从而得到模型变量的初始值，在此基础上，根据模型方程可以计算出模型参数（翟凡，1997）。校准方法的优点在于它仅需要确定函数形式、弹性值和基期数据集。

CGE 模型由于其使用受限制的函数形式和参数校准时依赖弹性值而经常受到批评。但问题在于很少能够获得足够的时间序列数据，用计量经济学的方法去估计 CGE 模型（Shoven 等，1992）。若用有限的时间序列数据去估计这些参数，其统计上的可靠性也会令人质疑这些数据是否符合目前的实际。

鉴于数据获取的困难，大多数 CGE 模型采用校准方法，校准方法已经成为 CGE 模型参数确定的标准方法。但与计量经济学方法相比，校准方法具有以下几个明显的缺点：①该方法得出的参数是决定性的，而不是统计意义上的，不能得到对参数可靠程度的度量；②用校准方法得出的模型结果对所选择的基准年数据可能很敏感（翟凡，1997）。

模型中的价格变量和数量变量的基期值可从 SAM 中获得，弹性系数上节已经分析。模型使用的是 CES 函数，在假定生产成本最小化和效用函数最大化的条件下，模型中的其他参数可以通过模型推导求出。

二、生产函数的校准

以总产出函数为例，介绍生产模块中函数参数的校准。

总产出函数为：

$$QA_a = \alpha_a^a \cdot \left(\delta_a^a \cdot QVA_a^{\rho^a} + (1-\delta_a^a) \cdot QINTA_a^{\rho^a}\right)^{\frac{1}{\rho^a}}$$

最小化成本，即最小化 Lagrange 函数：

$$\varphi = PVA_a \cdot QVA_a + PINTA_a \cdot QINTA_a + \lambda\left\{\alpha_a^a \cdot \left[\delta_a^a \cdot QVA_a^{\rho^a} + (1-\delta_a^a) \cdot QINTA_a^{\rho^a}\right]^{\frac{1}{\rho^a}}\right\}$$

对增加值和中间投入的一阶条件为：

$$\frac{\partial\varphi}{\partial QVA} = PVA_a + \lambda\left[\alpha_a^a \cdot \left(\delta_a^a \cdot QVA_a^{\rho^a} + (1-\delta_a^a) \cdot QINTA_a^{\rho^a}\right)^{\frac{1-\rho^a}{\rho^a}}\right] \cdot \delta_a^a \cdot QVA_a^{\rho^a-1}$$

$$\frac{\partial\varphi}{\partial QINTA_a} = PINTA_a + \lambda\left[\alpha_a^a \cdot \left(\delta_a^a \cdot QVA_a^{\rho^a} + (1-\delta_a^a) \cdot QINTA_a^{\rho^a}\right)^{\frac{1-\rho^a}{\rho^a}}\right] \cdot (1-\delta_a^a) \cdot QINTA_a^{\rho^a-1}$$

将两式相除，得到：

$$\frac{PVA_a}{PINTA_a} = \frac{\delta_a^a \cdot QVA_a^{(\rho_a^a-1)}}{(1-\delta_a^a) \cdot QINTA_a^{(\rho_a^a-1)}}$$

经过变换得到：

$$\delta_a^a = \frac{PVA_a \cdot QVA_a^{(1-\rho_a^a)}}{PINTA_a \cdot QINTA_a^{(1-\rho_a^a)} + PVA_a \cdot QVA_a^{(1-\rho_a^a)}}$$

代入总产出方程，得到：

$$\alpha_a^a = \frac{QA_a}{\left(\delta_a^a \cdot QVA_a^{\rho^a} + (1-\delta_a^a) \cdot QINTA_a^{\rho^a}\right)^{\frac{1}{\rho^a}}}$$

生产模块中的其他函数，包括增值函数、总资本函数、CET函数、Armington函数中参数的校准均与此类似。

三、家庭效用函数的校准

家庭效用函数中需要校准的参数有 b_1，b_2，…，b_{14}，消费者消费的各商品的份额系数；δ^h 和 δ^l，当前商品消费与闲暇的权重；δ^{th} 和 δ^{fc}，当前总消费与未来消费的权重；ρ^c，家庭当期消费效用的CES复合函数指数；ρ^u，家庭总效用的CES复合函数指数；ξ，劳动禀赋与劳动供给的比例。

首先校准消费者消费的各商品的份额系数 b_1，b_2，…，b_{14}，由于效用函数中的总商品消费为Cobb-Douglas函数，份额系数为消费者消费的每种商品的支出除以消费者消费的总商品支出。

关于 ζ 的值，Ballard等（1985）采用1.75，Ballard（2000）对该值进行了详细的讨论。本书根据Ballard（2000）的研究结论，假定劳动供给的收入弹性为 -0.15，变动 ζ 使模拟的劳动供给收入弹性等于 -0.15。

为校准 ρ^c 和 ρ^u 两个参数，需要另外两个参数：η，储蓄对资本净收益率的弹性；ξ，劳动供给对净工资率的弹性。

通过分析方法校准 ρ^u 和 ρ^c，思路为分别求出这两个参数与 η 和 ξ 的关系。由于 $\eta = \frac{r}{S}\frac{\partial S}{\partial r}$，要校准出 ρ^u 须求出 $\frac{\partial S}{\partial r}$。要直接计算出 $\frac{\partial S}{\partial r}$ 是非常困难的。

因此本书使用数值计算方法计算 ρ^u 和 ρ^c。方法为：计算在基期均衡下的储蓄和资本净收益率、劳动供给和净工资率，ρ^u 和 ρ^c 任意设定；将资本价格增加1%，计算储蓄和资本净收益率的增量 ΔS 和 Δr，计算 $\eta' = \frac{r}{S}\frac{\Delta S}{\Delta r}$，比较 η' 和 η，调整 ρ^u，使 η' 和 η 相等；将净工资率增加1%，计算劳动供给和净工资率的增量 ΔL 和 Δw，计算 $\xi' = \frac{w}{L}\frac{\Delta L}{\Delta w}$；比较 ξ' 和 ξ，调整 ρ^c，使 ξ' 和 ξ 相等；然后调整 ρ^u，使 η' 和 η 相等；然后再调整 ρ^c，使 ξ' 和 ξ 相等；直到 η' 和 η 相等，同时 ξ' 和 ξ 相等。

四、投资、存货、政府消费函数的校准

模型中假定投资、存货、政府消费函数都为Leontief函数形式，系数等于各消费的商品除以总消费数量。

第六节　模型求解

在确定了模型方程和参数以后，需要对模型进行求解。CGE模型实际

上是一个非线性方程组，需要通过求解该非线性方程组得到均衡解。

随着计算机以及软件技术的快速发展，一些功能强大的用于求解非线性方程组的软件相继开发出来并成功应用于实践，其中一些软件提供了很好的求解模型的平台，这些软件拥有自己独立的语法系统，可以调用不同的求解方法，使得建模工作非常方便和高效。对于 CGE 模型的求解来说，比较著名的软件有 GAMS（General Algebraic Modeling System）、GEMPACK（General Equilibrium Modeling Package）。本书使用的模型采用 GAMS 软件实现其程序表达和模型求解。（本书使用的 CGE 模型程序见附录）

如图 3－4 所示，GAMS 程序首先定义集合，即定义活动、商品、要素和机构部门等。

程序第二部分是参数定义，包括用于校准的基准年参数的定义和外生参数的定义。

程序第三部分是利用已知的参数值和各参数之间的关系求得未知的参数值，即参数的校准。

程序的第四部分是变量的定义和初始化，即通知求解软件模型方程中有哪些变量，以及这些变量的初始值是多少，通过给变量赋初始值能够使求解程序较快地找到均衡解。

程序的第五部分是则是利用已有的变量初始值和参数值生成基准年度的 SAM 表，以检查模型参数和变量初始值是否正确。

程序的第六部分是方程定义和输入，即通知求解软件模型有哪些方程以及这些方程的具体形式。

程序的第七部分是根据模型选用的闭合规则选择一些变量成为外生变量，以使模型能求得唯一均衡解。

程序的第八部分是对模型的定义，选用适合的求解方法并求解该模型。

方程的第九部分是计算结果的输出。

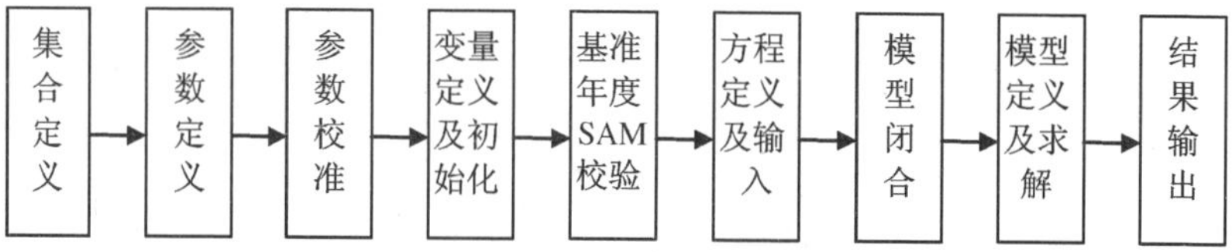

图 3－4　模型求解程序的结构

第七节　小　结

运用 CGE 模型能够在一个统一的框架下对我国税收的 MCF 进行定量分析。本章比较详细地介绍了一般均衡理论和 CGE 模型的发展，CGE 模型在国内外的应用。接着详细地说明了本书使用的 CGE 模型的结构和七个数学模块，以及我国各个税种在模型中的处理方式，然后介绍了本书使用的社会核算矩阵的编制和相关弹性系数的来源，最后介绍了模型求解方法和过程、CGE 模型程序文件。

第四章　估量结果与分析

本章首先运用 CGE 模型对我国税收的 MCF 进行定量分析，估量我国税收的平均 MCF、主要税种的 MCF 以及各个行业的增值税、营业税和企业所得税的 MCF；然后根据这些结果，模拟税制结构调整和减税的福利效应，提出税制改革建议。

第一节　MCF 估量结果

一、估量方法

运用 CGE 模型估量 MCF 的方法是，将研究的税种的基期税率增加 1%，将政府增加的税收全部用于政府公共支出；用计算机模拟得到一个新的均衡序列，设置足够的期限，让均衡能够到达新的稳态；之后比较新的均衡序列和基准均衡序列，计算各期居民等价性确定量（EV）① 的现值之和，即家庭的福利损失；对于政府税收变化，将每期政府税收用同期政府消费价格指数平减，以矫正每期价格变化对政府名义收入的影响，然后减去相应时期的基准均衡中政府的税收，最后将各期政府税收变动折现到基期加总，即为税率变动后政府收入的变化。

为了避免模型产生错误的福利效应，假定各期企业储蓄、国外储蓄、存货变动和机构之间的各种转移支付等相对基准均衡保持不变，让福利的变化全部通过居民效用的变化反映出来。

---

① 等价性确定量（EV）是指价格变动后，居民要恢复到基期的效用水平，按基期价格计算所需要的收入。由于本书是动态模型，储蓄对效用的影响反映到消费者的未来消费中，每期仅需要计算家庭当期消费的 EV。

二、所有税收的平均 MCF

首先，计算我国全部税收的 MCF。将基期所有税种的税率都增加 1%，生成新的均衡序列，分别计算各期消费和政府税收的变动。为更清楚地反映税率变动的效应，这里将计算模拟得到的政府收入变动序列和居民消费变动序列展示出来。由于税率变动很小，模型在 4 期以后即可达到新的稳态均衡，因此这里只列出 5 期居民消费和政府税收的变动情况。

假设基准均衡序列居民的各期消费为 TH_t^o；政策变动后，各期消费为 TH_t^n，则居民每期消费的总商品变动为：

$$\Delta TH_t = TH_t^n - TH_t^o$$

计算机模拟得到的消费变动的结果见表 4－1。

表 4－1　　居民消费变动量

项目	储蓄供给弹性	劳动供给弹性	2007 年	2008 年	2009 年	2010 年	2011 年
消费减少绝对量（万亿元）	0.00	0.00	0.044	1.911347×10^{-4}	1.997723×10^{-4}	2.088003×10^{-4}	2.182362×10^{-4}
	0.00	0.15	0.044	1.738968×10^{-4}	1.815252×10^{-4}	1.894883×10^{-4}	1.978007×10^{-4}
	0.00	0.30	0.044	1.585894×10^{-4}	1.653625×10^{-4}	1.724249×10^{-4}	1.797889×10^{-4}
	0.40	0.00	0.040	4.418021×10^{-4}	4.589877×10^{-4}	4.768418×10^{-4}	4.953904×10^{-4}
	0.40	0.15	0.040	4.264655×10^{-4}	4.426367×10^{-4}	4.594212×10^{-4}	4.768421×10^{-4}
	0.40	0.30	0.039	4.127336×10^{-4}	4.280219×10^{-4}	4.438765×10^{-4}	4.603184×10^{-4}
	0.80	0.00	0.035	7.531943×10^{-4}	7.776936×10^{-4}	8.029899×10^{-4}	8.291091×10^{-4}
	0.80	0.15	0.035	7.368855×10^{-4}	7.603604×10^{-4}	7.845832×10^{-4}	8.095777×10^{-4}
	0.80	0.30	0.035	7.229234×10^{-4}	7.455353×10^{-4}	7.688546×10^{-4}	7.929033×10^{-4}

税率增加，一方面减少消费者当期可支配收入；另一方面减少利率，居民会减少储蓄，即减少未来的消费。从表 4－1 可以看出，消费减少的绝对量受储蓄供给弹性的影响较大，储蓄供给弹性增加时，当前消费减少比较小，而未来消费减少比较多。这是因为，储蓄供给弹性较大时，利率减少，消费者会减少较多的储蓄以供当期消费，而储蓄的减少会减少未来的消费。从表 4－1 还可以看出，劳动供给弹性增加时，消费会减少较多。这是因为，增加税收会降低劳动者工资，从而降低闲暇的机会成本，劳动者

会增加闲暇，减少劳动，从而减少可支配收入和对商品的消费。

居民消费的现值的计算公式为：

$$PV(TH_t) = \sum_{t=2007}^{\infty} \frac{TH_t}{(1+\rho)^{(t-2007)}}$$

式中，ρ 为效用折现率。

设居民每期消费的增长率为 $cg_t = \frac{TH_{t+1}}{TH_t}$，则基准均衡时居民消费的现值为：

$$PV(TH_t^o) = \frac{TH_{2007}^0}{\rho - g}$$

政策变动后，当模型在第 T 期达到新的均衡时，每期消费的增长比率趋于常数，则居民消费的现值可重新计算为：

$$PV(TH_t^n) = \sum_{t=2007}^{T-1} \frac{TH_t^n}{(1+\rho)^{(t-2007)}} + \sum_{t=T}^{+\infty} \frac{TH_t^n}{(1+\rho)^{(t-2007)}} = \sum_{t=2007}^{T-1} \frac{TH_t^n}{(1+\rho)^{(t-2007)}} + \frac{1}{\rho - cg_T} \frac{TH_T^n}{(1+\rho)^{(T-2008)}}$$

则居民福利减少量，用消费变动的等价性确定量度量，计算公式为：

$$PV(EV_t) = PV[(TH_t^n - TH_t^o) \cdot P_H^o] = PV(TH_t^n - TH_t^o) \cdot P_H^o$$

不同弹性下的消费现值见表 4－2。

表 4－2　　消费福利减少量

储蓄供给弹性	0.00	0.00	0.00	0.40	0.40	0.40	0.80	0.80	0.80
劳动供给弹性	0.00	0.15	0.30	0.00	0.15	0.30	0.00	0.15	0.30
消费福利减少量（万亿元）	0.049	0.048	0.048	0.049	0.048	0.048	0.049	0.049	0.048

其次，计算机模拟得到的政府税收变动（ΔTAX_t）序列见表 4－3。

表 4－3 政府税收增加

项目	储蓄供给弹性	劳动供给弹性	2007 年	2008 年	2009 年	2010 年	2011 年
税收增加绝对量（万亿元）	0.00	0.00	0.043	-1.10584×10^{-4}	-1.15582×10^{-4}	-1.20805×10^{-4}	-1.26264×10^{-4}
	0.00	0.15	0.042	-1.07993×10^{-4}	-1.12730×10^{-4}	-1.17675×10^{-4}	-1.22838×10^{-4}
	0.00	0.30	0.042	-1.04315×10^{-4}	-1.08770×10^{-4}	-1.13416×10^{-4}	-1.18259×10^{-4}
	0.40	0.00	0.043	-2.21863×10^{-4}	-2.30494×10^{-4}	-2.39460×10^{-4}	-2.48775×10^{-4}
	0.40	0.15	0.042	-2.31777×10^{-4}	-2.40566×10^{-4}	-2.49688×10^{-4}	-2.59156×10^{-4}
	0.40	0.30	0.042	-2.39616×10^{-4}	-2.48492×10^{-4}	-2.57697×10^{-4}	-2.67242×10^{-4}
	0.80	0.00	0.042	-3.30971×10^{-4}	-3.41736×10^{-4}	-3.52852×10^{-4}	-3.64330×10^{-4}
	0.80	0.15	0.042	-3.54577×10^{-4}	-3.65873×10^{-4}	-3.77529×10^{-4}	-3.89556×10^{-4}
	0.80	0.30	0.041	-3.74259×10^{-4}	-3.85965×10^{-4}	-3.98038×10^{-4}	-4.10488×10^{-4}

同计算消费者消费减少的净现值类似，可以计算政府税收增加的净现值 $PV(\Delta TAX_t)$，结果见表 4－4。

表 4－4 政府税收增加的净现值

储蓄供给弹性	0.00	0.00	0.00	0.40	0.40	0.40	0.80	0.80	0.80
劳动供给弹性	0.00	0.15	0.30	0.00	0.15	0.30	0.00	0.15	0.30
税收增加现值（万亿元）	0.040	0.040	0.039	0.038	0.037	0.037	0.036	0.035	0.034

则全部税收的 MCF 的计算公式为：

$$MCF = \frac{PV(EV_t)}{PV(\Delta TAX_t)}$$

计算结果见表 4－5。

表 4－5　　中国全部税收的 MCF[1]

项目		储蓄弹性		
		0.00	0.40	0.80
劳动供给弹性	0.00	1.206	1.287	1.355
	0.15	1.210	1.298	1.377
	0.30	1.212	1.308	1.396

从表 4－5 中可以看出，我国税收的平均 MCF 范围为 1.206～1.396[2]。这是一个比较高的值，说明如果运用税收为公共项目筹资，只有每单位额外公共项目支出的边际收益至少大于 1.206，该项目才能被接受。正如理论分析模型预测的结果，MCF 随储蓄弹性和劳动供给弹性的增加而增加；MCF 对储蓄供给弹性更加敏感，如果实际储蓄供给弹性较高，则 MCF 的值较大。

三、主要税种的 MCF

计算我国各主要税种的 MCF。即将各主要税种的基期税率分别增加 1%，生成新的均衡序列，比较消费者福利和政府税收的变化，计算相应的 MCF。实验模拟结果见表 4－6。

表 4－6　　主要税种的 MCF

参数	储蓄供给弹性	0.00	0.00	0.40	0.40
	劳动供给弹性	0.00	0.15	0.00	0.15

① 一些专家对本书的研究提出了一些建议，其中一点就是能否计算出几年的 MCF，然后进行平均。MCF 的值主要取决于税率水平、经济结构和一些相关的行为反应弹性。行为反应弹性一般具有稳定性，在经济结构和税收水平不发生很大变化的条件下，MCF 的值不会发生很大的变动。SAM 虽然只是一期的经济数据，但是 SAM 反映的经济结构在短期内具有一定的稳定性。数据的可获取性和数据的有效性往往存在冲突，从第三章 SAM 的编制过程也可以看出，为了编制最新年度的 SAM 供 CGE 使用，需要利用以前年度的数据反映出的经济关系。所以即使编制出多期的 SAM，分别计算每期的 MCF 然后进行平均，意义也不大。当然，为了研究我国税收的 MCF 的变动趋势，计算具有一定时间间隔的 MCF，如隔 3～5 年计算一次 MCF，是有价值的。这项研究可待将来进行。

② 本书作者曾使用 2006 年统计年鉴和 2002 年的投入产出表，编制成 2006 年的 SAM，运用同样的模型估算了税收的 MCF，估量结果为 1.208～1.451。这也在一定程度上说明在我国税制和经济结构不发生很大变化的情况下，税收的 MCF 是比较稳定的。但本书估量各个税种的 MCF 同估量的 2006 年的各个税种的 MCF 有一些的差距，主要是本书估量企业所得税的 MCF 相对降低，而营业税和劳动所得税的 MCF 相对提高。

续表

主要税种的 MCF	营业税	1.257	1.261	1.350	1.363
	增值税	1.115	1.117	1.190	1.198
	企业所得税	1.103	1.103	1.243	1.247
	个体生产经营所得税	0.874	0.874	0.959	0.960
	劳动所得税	1.374	1.390	1.343	1.371
	储蓄利得税	1.350	1.354	1.300	1.306

从表4-6中可以看出，我国主要税种之间的MCF有一定的差别。这对于我国制定税收政策具有重要意义，说明我国税制优化的空间很大。减少MCF较高税种的税率，同时增加MCF较低税种的税率，在保持财政收入不变的情况下，可以获得较大的福利收益。

营业税的MCF很高。营业税税率和增值税税率相比要低很多，但营业税的MCF却比增值税要高，这说明营业税同增值税相比是没有效率的，如果取消营业税，改征增值税从效率的角度看可能是有效率的。同税收的平均MCF相比，营业税的MCF要高于税收的平均MCF，而增值税的MCF要低于税收的平均MCF。

企业所得税的MCF较高相对于储蓄供给弹性非常敏感。如果经验数据表明我国的储蓄供给弹性较大，则企业所得税的税率以较低为宜；反之，如果经验数据表明我国的储蓄供给弹性较小，则企业所得税的税率可以适当提高。

个体生产经营所得税MCF较低，甚至可能低于1。原因是相对于企业所得税，个体生产经营所得税税率较低。增加个体生产经营所得税或营业税税率，行业间税负更加均衡，减少了税收的扭曲效应。这也印证了Devarajan等（2001）的分析结论，不能简单地认为发展中国家由于税制不合理，所有税收的MCF就必定都很高。恰恰由于税收的不均匀，对某些部门增加税收可能会减少税收的扭曲效应。

劳动所得税的MCF非常高，而且相对于劳动供给弹性相当稳定。第二章理论分析已经指出，这里运用CGE模型计算的劳动所得税的MCF仅考虑了劳动供给的替代效应收入效应，还有一些影响劳动所得税效率的因素没在CGE模型中无法反映。

储蓄利得税对资本收益存在重复征税，MCF也相当高。

根据本书假定的中心情况，即劳动供给弹性为0.15，储蓄供给弹性为

0.40，可以看出，税收结构调整的方向是取消营业税改征增值税，减少劳动所得税和储蓄利得税。

四、各税种分行业的 MCF

分析同一税种行业之间的 MCF 的差别，这里仅分析设定的中心情况，即劳动供给弹性为 0.15，储蓄供给弹性为 0.40 时的情况。首先分析营业税和增值税分行业的 MCF。将各个行业营业税或增值税的基期税率分别增加 1%，生成新的均衡序列，比较消费者福利和政府税收的变化，计算相应的 MCF。实验模拟结果见表 4-7。

表 4-7　各个行业营业税或增值税的 MCF

产业	采掘业	轻工业	重工业	电气水生产与供应业
税种	增值税	增值税	增值税	增值税
实际平均税率①	0.139	0.090	0.119	0.178
MCF	1.088	1.208	1.151	1.134
产业	建筑业	交通运输仓储邮政业	计算机软件业	批发和零售贸易业
税种	营业税	营业税	营业税	增值税
实际平均税率	0.027	0.015	0.018	0.168
MCF	2.198	1.107	1.266	1.446
产业	住宿和餐饮业	金融保险业	房地产业	租赁和商务服务业
税种	营业税	营业税	营业税	营业税
实际平均税率	0.018	0.078	0.137	0.053
MCF	1.111	1.134	1.259	1.267

从表 4-7 中可以看出，除去建筑业，其他行业营业税的 MCF 介于 1.107～1.267。建筑行业营业税的 MCF 高达 2.198，这是因为固定资产投资主要消费建筑行业的商品，建筑行业的营业税直接提高了建筑行业的成本，从而提高了投资品的价格指数，减少了对未来的投资。为了加速资本的有效积累，对建筑行业应实施税收优惠政策。

① 根据我国营业税暂行条例，金融业、房地产业以及租赁和商务服务业营业税的名义税率为 5%，这里计算的金融保险业营业税的实际税率为 7.8%，房地产业营业税的实际税率为 13.7%，租赁和商务服务业营业税的实际税率为 5.3%，均高于名义税率。作者推测可能是因为投入产出的个别产业划分口径和税务年鉴中相应的产业划分口径不完全一致。

除去批发和零售贸易业，各行业增值税的 MCF 介于 1.088～1.208。批发和零售贸易业的增值税的 MCF 较高，为 1.446。查看社会核算矩阵中的中间消耗系数，相对而言，各个行业的中间消耗中批发和零售贸易业的比重较高。由于 CGE 模型的作用机制非常复杂，不可能给出批发和零售贸易业的增值税的 MCF 较高确切的解释，但推测可能是批发和零售贸易业的增值税对其他行业的生产成本影响较大。

分析各个行业企业所得税的 MCF。将各个行业企业所得税的基期税率分别增加 1%，比较消费者福利和政府税收的变化，计算相应的 MCF。实验模拟结果见表 4－8。

表 4－8　各个行业企业所得税的 MCF
（劳动供给弹性为 0.15，储蓄供给弹性为 0.40）

产业	采掘业	轻工业	重工业	电气水生产与供应业
所得税实际税率	0.257	0.105	0.080	0.134
MCF	1.168	1.106	1.013	1.070
产业	建筑业	交通运输仓储邮政业	计算机软件业	批发和零售贸易业
所得税实际税率	0.136	0.074	0.188	0.255
MCF	1.885	0.935	1.261	1.534
产业	住宿和餐饮业	金融保险业	房地产业	租赁和商务服务业
所得税实际税率	0.027	0.281	0.214	0.234
MCF	0.922	1.636	1.264	1.256

从表 4－8 中可以看出，企业所得税行业间的 MCF 差别很大。最低的是住宿和餐饮业，仅为 0.922；最高的是建筑业，达 1.885。金融保险业和批发和零售贸易业企业所得税的 MCF 也相当高。比较 MCF 的值和相应的税率水平，可看出 MCF 与行业企业所得税税率相关性程度较高。这说明，当各个行业的企业所得税负更加均匀时，可能会获得较高的福利收益。

第二节　税制改革分析

一、税制结构优化分析

从上节可以看出，我国各个税种之间的 MCF 差距较大，说明我国税制效率改进的空间较大。在保持税收总量不变的条件下，通过增加 MCF 值较小的税种的税率，同时减少 MCF 值较大的税种的税率，可以获得额外的福利。

由于增值税和营业税占我国税收的比重约为50%。这里在进行税制结构分析时，在分析其他税种是应该增加还是减少时，都以这两种税种为比较对象。这里也仅分析设定的中心情况，即劳动供给弹性为0.15，储蓄供给弹性为0.40时的情况。

（一）取消营业税，改征增值税的福利效应

营业税的 MCF 值相对于增值税的 MCF 较高。将营业税取消，改征增值税，可能会获得较大的福利收益。这里对这种政策进行模拟。

用增值税替代营业税，本书设计了两种方案。第一种方案是，改征增值税后，行业的增值税实际税率等于该行业原来的营业税实际税率；第二种方案是，改征增值税后，行业的增值税实际税率等于原来该行业征收的营业税总额除以该行业的增加值。在模型中，将原来征收营业税行业的营业税税率设定为0，同时按照上述两种方案设定这些行业的增值税税率，用一个调整系数修正各个行业的增值税税率，使政府税收保持不变。

假设模型在第 T 期达到均衡，消费者福利变动的计算方法与上一小节相同。

在模型中用增值税替代营业税，模型偏离原来均衡的幅度较大，模型需要经过很多期才能进入新的稳态，计算机计算时间会很长，而且经过一定时期的连续增长之后，每期变量的值会非常大，可能会超出 GAMS 软件的计算能力。但在完全达到稳态之前很多期，模型已经非常接近稳态，因此可以取一个较大的 T 值替代完全达到稳态的时期。表4－9是第一种方案中消费增长的速度的情况。从表中可以看出，到2100年，模型已经非常接近稳态增长，这里取 $T=2180$。

表4－9　消费增长的速度

T 的取值	2020	2030	2040	2050	2060	2070
cg_T	0.07994591	0.07996168	0.07997286	0.07998078	0.07998639	0.07999036
T 的取值	2080	2100	2120	2140	2160	2180
cg_T	0.07999517	0.07999658	0.07999758	0.07999879	0.07999939	0.07999970
T 的取值	2200	2220	2240	2260	2280	2300
cg_T	0.07999985	0.07999992	0.07999996	0.07999998	0.07999999	0.08000000

用增值税替代营业税，福利效应的模拟结果见表4－10。

表4－10　　增值税替代营业税的福利收益

项目	第一种替代方式	第二种替代方式
福利收益总量（亿元）	63057.003	597.538
占2007年GDP的比重（%）	24.166	0.229

从表4－10可以看出，第一种方案可以获得较高的福利收益，而第二种方案获得的福利收益有限。这说明，对目前征收营业税的行业改征增值税后，实际税率也不宜过高。

在模拟中之所以没有采用17%的名义税率，是因为目前征收增值税的行业实际税率低于17%。且这里比较的是在征收同样的税收的条件下营业税与增值税的效率。

（二）企业所得税与增值税和营业税的结构优化的福利收益

根据上节分析可知，企业所得税的MCF要略低于税收的平均MCF。这里用企业所得税替代增值税和营业税，计算此时的福利收益。本书计算2007年我国企业所得税的实际税率为15.1%。计算方法是，等比例增加各个行业的企业所得税实际税率，同时用一个调整系数修正各个行业的增值税或营业税税率，使政府税收保持不变，计算此时的福利收益。模拟结果见表4－11。

表4－11　　企业所得税与增值税和营业税的结构优化的福利收益

企业所得税的税率乘数	1.2	1.4	1.5	1.6	1.8
调整后的企业所得税率（%）	18.12	21.14	22.65	24.16	27.18
福利收益总量（亿元）	11718.55	17360.59	18218.92	17905.99	14108.96
占2007年GDP的比重（%）	4.49	6.65	6.98	6.86	5.41

从表4－11可以看出，当企业所得税实际税率提高到约22.65%时，福利收益最大，高于或低于这个数值，福利收益都会下降。这个数值比企业所得税名义税率25%要稍低。虽然不同的替代方式得到的企业所得税最优税率可能会不一样，但企业所得税存在一个最优税率。

（三）平均行业税负的福利收益

不仅较高的税率会产生较大的福利成本，同一税种在各个行业间税负分布不均匀也会导致更高的福利成本。这里分析3个主要税种，即营业税、增值税和企业所得税行业税负结构优化时的福利收益。具体方法是，用各个税种的实际平均税率替代该税种各个行业的实际税率，即将各个行业的税率设定为相等，同时用一个调整系数修正该税种的平均税率，使政府税收保持不变，模拟相应的福利收益。结果见表4－12。

表4－12　平均行业税负的福利收益

项目	营业税	增值税	企业所得税
福利收益总量（亿元）	7.602296×10^{-4}	3.883315×10^{-4}	82948.083
占2007年GDP的比重（%）	2.913567×10^{-7}	1.488274×10^{-7}	31.790

从表4－12可以看出，平均各个行业增值税和营业税税负福利收益不大，但平均各个行业的企业所得税税负，福利收益相当大。这说明，在企业所得税的征收中，要尽量保证税收优惠的均衡性与合理性，保证企业所得税在行业间的均匀分布。

由于本书使用的模型不能比较全面模拟劳动所得税的福利效应，劳动所得税还影响收入分配，且劳动所得税比重不高，故这里不模拟劳动所得税和其他税收的结构优化的福利效应。此外，储蓄利得税的总额相对也很小，这里也不模拟储蓄利得税与其他税种结构优化的福利效应。

二、减税的效应分析

从前面已经看到，通过税收筹集公共资金的成本是非常高的。目前我国税收总量已经非常大，税收占国民经济的比重很高，国家正在酝酿减税。这里模拟各种减税方式社会福利效应情况，并仅分析假定的中心情况，即劳动供给弹性为0.15，储蓄供给弹性为0.40时的情况。

（一）等比例降低所有税种税率的效应

将模型中所有税种的税率设定为原来的一个比例，政府税收会在一定程度上减少，让政府的支出减少相应的数额，计算此时税收的减少和消费者福利的增加。计算结果见表4－13。

表 4－13　　表 4－13 减少所有税收的效应

税率水平	福利收益现值（1）（亿元）	当期税收减少量（2）（亿元）	各期税收减少量现值（3）（亿元）	当期税收减少量占财政收入的比重（4）（%）	减税的平均福利收益（5）（亿元）
基期实际税率的 95%	430498.22	2075.13	333017.58	4.19	1.29
基期实际税率的 90%	869583.15	4186.69	675551.87	8.46	1.29
基期实际税率的 85%	1315987.26	6328.18	1026763.41	12.79	1.28
基期实际税率的 80%	1769971.40	8500.79	1386939.03	17.18	1.28
基期实际税率的 75%	2231753.66	10705.79	1756395.57	21.64	1.27
基期实际税率的 70%	2701598.95	12944.51	2135465.91	26.16	1.27
基期实际税率的 65%	3179779.63	15218.44	2524508.71	30.76	1.26
基期实际税率的 60%	3666584.90	17529.15	2923909.85	35.43	1.25
基期实际税率的 55%	4162322.63	19878.35	3334085.68	40.17	1.25
基期实际税率的 50%	4667321.35	22267.92	3755486.87	45.00	1.24

从表 4－13 中可以看出，减税的福利收益是较大的，当税率为原来实际税率的 80% 时，减少单位税收的平均福利收益为 1.28 单位。减税的平均福利收益随减税的幅度增加而减少，这是因为随着税率的降低，税收扭曲程度降低。从表中还可以看出，当期税收减少量占财政收入的比重要小于实际税率减少的幅度，这是因为，减税会刺激经济的增长，扩大了税基。

（二）减少增值税和营业税的效应

将各个行业的增值税和营业税税率设定为原来的一个比例，模拟此时税收的减少和福利的增加。计算结果见表 4－14。

表 4－14　　减少增值税和营业税的效应

税率水平	福利收益现值（1）（亿元）	当期税收减少量（2）（亿元）	各期税收减少量现值（3）（亿元）	当期税收减少量占财政收入的比重（4）（%）	减税的平均福利收益（5）（亿元）
基期实际税率的 95%	241158.27	1166.57	184816.15	2.36	1.30
基期实际税率的 90%	484595.96	2343.18	372410.03	4.74	1.30
基期实际税率的 85%	728878.95	3522.32	561682.66	7.12	1.30

续表

税率水平	福利收益现值（1）（亿元）	当期税收减少量（2）（亿元）	各期税收减少量现值（3）（亿元）	当期税收减少量占财政收入的比重（4）（%）	减税的平均福利收益（5）（亿元）
基期实际税率的80%	974003.77	4704.11	752660.76	9.51	1.29
基期实际税率的75%	1220003.87	5888.66	945362.64	11.90	1.29
基期实际税率的70%	1466894.09	7076.07	1139811.70	14.30	1.29
基期实际税率的65%	1714692.29	8266.45	1336031.40	16.71	1.28
基期实际税率的60%	1963408.53	9459.91	1534047.61	19.12	1.28
基期实际税率的55%	2213062.89	10656.56	1733884.47	21.54	1.28
基期实际税率的50%	2463672.58	11856.51	1935567.47	23.96	1.27

从表4－14看出，减少增值税和营业税的福利收益也非常高，平均降低1单位税收，福利要增加1.3左右。比同时减少所有税种的税收的平均福利收益略高。

（三）减少企业所得税的效应

将各个行业企业所得税的税率设定为原来的一个比例，模拟此时税收的减少和福利的增加。计算结果见表4－15。

表4－15　减少企业所得税的效应

税率水平	福利收益现值（1）（亿元）	当期税收减少量（2）（亿元）	各期税收减少量现值（3）（亿元）	当期税收减少量占财政收入的比重（4）（%）	税收减少的平均福利收益（5）（亿元）
基期实际税率的90%	150334.17	691.92	121276.98	1.40	1.24
基期实际税率的80%	307142.27	1420.81	249034.10	2.87	1.23
基期实际税率的70%	469363.36	2181.68	382626.29	4.41	1.23
基期实际税率的60%	637394.72	2977.58	522619.03	6.02	1.22
基期实际税率的50%	811703.63	3812.11	669678.29	7.70	1.21
基期实际税率的40%	992827.58	4689.57	824603.69	9.48	1.20
基期实际税率的30%	1181393.77	5615.24	988371.81	11.35	1.20
基期实际税率的20%	1378136.44	6595.68	1162199.43	13.33	1.19
基期实际税率的10%	1583940.61	7639.28	1347640.61	15.44	1.18
税率为0	1799887.54	8757.03	1546736.04	17.70	1.16

从表4-15看出，减少企业所得税的福利收益是较高的，平均降低1单位税收，福利可增加1.2单位左右。要低于同时减少所有税种或同时减少增值税和营业税的福利收益。

（四）减少劳动所得税的效应

将各个行业企业所得税的税率设定为原来的一个比例，模拟此时税收的减少和福利的增加，计算结果见表4-16。

表4-16　　减少劳动所得税的效应

税率水平	福利收益现值（1）（亿元）	当期税收减少量（2）（亿元）	各期税收减少量现值（3）（亿元）	当期税收减少量占财政收入的比重（4）（%）	税收减少的平均福利收益（5）（亿元）
基期实际税率的90%	31037.00	154.94	22561.81	0.31	1.38
基期实际税率的80%	63553.62	317.48	46279.41	0.64	1.37
基期实际税率的70%	96085.72	480.04	70034.25	0.97	1.37
基期实际税率的60%	128631.94	642.61	93826.53	1.30	1.37
基期实际税率的50%	161194.44	805.19	117655.69	1.63	1.37
基期实际税率的40%	193771.71	967.79	141522.16	1.96	1.37
基期实际税率的30%	226365.22	1130.40	165425.15	2.28	1.37
基期实际税率的20%	258975.83	1293.02	189366.16	2.61	1.37
基期实际税率的10%	291603.17	1455.66	213342.61	2.94	1.37
税率为0	324236.44	1618.31	237358.68	3.27	1.37

从表4-16看出，减少劳动所得税的福利收益非常高，平均减少一单位劳动所得税，福利收益为1.37单位。

（五）减少储蓄利得税的效应

将储蓄利得税的税率设定为原来的一个比例，模拟此时税收的减少和福利的增加。计算结果见表4-17。

表 4-17　　减少储蓄利得税的效应

税率水平	福利收益现值（1）（亿元）	当期税收减少量（2）（亿元）	各期税收减少量现值（3）（亿元）	当期税收减少量占财政收入的比重（4）（%）	减少税收的平均福利收益（5）（亿元）
基期实际税率的 90%	13335.59	69.07	10193.27	0.14	1.31
基期实际税率的 80%	28170.07	145.74	21534.41	0.29	1.31
基期实际税率的 70%	43040.55	222.44	32904.68	0.45	1.31
基期实际税率的 60%	57945.29	299.15	44304.53	0.60	1.31
基期实际税率的 50%	72886.55	375.88	55733.62	0.76	1.31
基期实际税率的 40%	87863.55	452.63	67192.27	0.91	1.31
基期实际税率的 30%	102874.01	529.40	78680.97	1.07	1.31
基期实际税率的 20%	117918.91	606.19	90199.56	1.23	1.31
基期实际税率的 10%	133007.45	683.00	101746.81	1.38	1.31
税率为 0	148130.98	759.83	113324.14	1.54	1.31

从表 4-17 看出，减少储蓄利得税的福利收益也非常高，平均减少一单位储蓄利得税，福利收益为 1.31 单位。

第三节　小　结

本章首先运用 CGE 模型对我国税收的 MCF 进行定量分析，然后根据这些结果，模拟税制结构改革和减税的福利效应。

研究结果表明，考虑税收的福利成本，我国税收的平均 MCF 要大于 1.206，这说明，在我国通过税收筹资的公共项目，每单位支出的价值至少要大于 1.206 才是有效率的。此外还发现，我国各个税种以及同一税种不同行业之间的 MCF 差别较大，这说明，我国税制结构优化的空间还很大。

研究结果还表明，取消营业税改征增值税会获得较大的福利收益；提高企业所得税的征收率并尽量保证税收优惠的均衡性与合理性，保证企业所得税税率在行业间的均匀分布，都会获得较高的福利收益。在我国通过减税可以获得较高的福利收益。

第五章　中国公共资金边际成本扩展分析

在上一章运用 CGE 模型对我国税收的 MCF 进行的定量分析中，仅考虑了税收的福利成本。目前国际上关于 MCF 的定量研究基本上也都只考虑到这个层面。但税收不仅有福利成本，还有管理成本、服从成本等，这些成本都是政府运用税收筹集的公共资金的机会成本。从理论上讲，只有考虑税收的所有成本后，才能估量出更合理的 MCF 的值。但经济学家的兴趣都集中在税收的福利成本对公共支出的影响上，忽视了税收的管理成本、服从成本等税收的其他成本对公共支出的影响。而且关于税收管理成本、服从成本等的数据相对不足，也是缺少包含税收所有成本的 MCF 的定量分析的重要原因。

关于税收的管理成本、服从成本等的理论分析，无论国外还是国内都有大量的研究。由于本书研究范围关系，本章重点不对税收的这些成本做理论分析，而着重分析税收的这些成本如何反映在 MCF 中。

本章首先对税收的其他成本进行简要说明，并分析税收的各种成本之间的关系；然后介绍 Slemrod 和 Yitzhaki（1996，2002）考虑税收其他成本时的 MCF 的计算公式①；最后运用这一公式对我国税收的 MCF 进行定量分析。

由于目前国内文献对我国税收成本的定量研究还比较少，相关数据也难以获得，本章使用的一些数据并不可靠，这里只是提供一个估计方法，并在合理的范围内提供可供参考的估计值。对于这个问题的更深入研究需

① Yitzhaki 教授 1998 年曾运用这种方法估算了以色列的 MCF，但该文是 Hebrew 语言写的，作者无法深入了解 Yitzhaki 教授运用这种方法估量 MCF 过程中的技术细节。

要统计数据的完善。

一、税收的其他成本

（一）管理成本

管理成本是国家取得税收收入而支付的各种费用，如员工工资福利、办公经费等，也包含和税务体制相关的法律履行成本，从税收的法律政策的制定到实施的整个过程的费用，还包括解决税收争议的司法成本。

管理成本发生于国家取得税收收入的全过程。由于国家取得税收收入的过程包括制定税收法律制度、实施税收征管活动、查处违章案件3个过程，所以，相应地税收征收成本应由立法成本、征收成本和查处成本三个部分税收成本研究构成。但从实际的情况来看，由于征收成本和查处成本的消耗主体基本上都属于税务机关，因此，这两类成本可以统称为征管成本或执法成本。通常所说的税收的管理成本仅指税收的征管成本。

1. 税收立法成本

税收立法成本，是指各有关部门为确立税收法律规范而发生的资源耗费。这里所说的法律既包括已完成全部立法程序的税收法律，也包括尚未完成全部立法程序的税收行政法规、规章等。税收立法成本包括是指从税法的酝酿、筹划、设计到税法的颁布所支出的成本总和。

税法作为公民纳税义务的法律，征纳税的过程是纳税人财产权转移到国家手中的过程，涉及国家与纳税人之间的经济利益分配，以及纳税人和纳税人之间的经济利益再分配。此外，制定税法还需要考虑税收对经济的影响和税收的征收成本。因此，在税法产生之前，立法者必须运用现代科学知识和科学技术手段进行大量深入、细致的调查研究工作，而这种工作必然耗费相应的资源。因此，税收管理成本首先应该包括税收的立法成本。

对税法的修订的成本也属于税收立法成本。税法修订成本是指一部税法颁布实施后，随着时间的推移逐渐不适应经济发展的需要，立法机关对其进行修改而发生的费用。

2. 税收的征管成本

税收的征管成本是狭义税收管理成本的一个组成部分。税收的征管成本是指税务机关为组织征收活动、检查纳税情况以及处理违法案件而支付的征收管理费用。

税收征管成本具体包括宣传解释税法、办理税务登记、税款征收入库、税务稽查以及与税收执法相关的后勤服务、干部职工教育培训和税务人员工资福利等一系列的费用和支出。它主要由4个项目要素构成：

（1）人员费，即有关人员的工资、津贴、补助、福利费等；

（2）设备费，即有关机构的办公场所、办公设施及交通和通信的价值损耗，其他固定资产购置、维修费或货币支出；

（3）办公费，即必需的公务经费，如资料费、调研费、诉讼费、查处违法案件协作费及各种对内外的交往费用等；

（4）对纳税人的宣传辅导费、税法普及费、税务人员的培训费、协税护税费、代征代扣费以及与税收征管有关的其他费用。

（二）税收的服从成本

税收的服从成本指纳税人或第三方在履行纳税义务过程中承担的额外成本。它主要由5个项目要素构成：

（1）办税费用，包括纳税人按税法要求，进行税务登记费用，建立账册过程中的纸张、记录费用，为计算申报纳税购置的计算机、税控机等设备费用，办税人员工资费用、资料费、交通费、邮寄费等；

（2）纳税人订阅税务报纸、杂志费用及税务工本费；

（3）纳税人委托税务代理机构代理申报的税务代理费，纳税人为正确执行税法，合理地缴纳税款而聘请税务顾问的费用，为了合法减轻其纳税义务而组织人力进行税收筹划的费用等；

（4）税收滞纳金、罚款等，即纳税人未按照税法规定期限缴纳税款及未按规定办理涉税行为而受到的经济惩罚；

（5）其他为纳税而支出的费用。

从广义上讲，税收的服从成本还包括无法用货币表现的时间耗费和心理费用。个体纳税人在办理纳税事宜中所花费的时间和单位时间价值的乘积，即为个体纳税人的时间成本。单位时间价值可以用平均税后工资率表示。纳税人在履行纳税义务过程中承担的名誉损失和心理压力，也是税收的服从成本。

（三）逃税成本

纳税人追求最大化预期效用，通过逃税纳税人可以获得较高的收入，同时也面临被发现时受到惩罚后的低收入。如果纳税人通过逃税能够增加预期收入，纳税人就会逃税。纳税人通过逃税在增加了他的预期收入的同时也增加了他的风险。Yitzhaki（1987）指出，这种因逃税产生的风险对社会而言也是福利损失，逃税的福利成本等于逃税的风险贴水。如果可以通过一项协议，纳税人付给政府当前收集到的税收水平，政府停止查账，纳税人的风险消除，福利会得到改善。

（四）避税成本

在本书第二章关于劳动所得税 MCF 的理论分析中，对避税成本已有所涉及。避税是指纳税人利用税法上的漏洞或税法允许的办法，做适当的财务安排或税收策划，在不违反税法规定的前提下，达到减轻或解除税负的目的。企业通常利用地区税率差异、行业税率差异、纳税主体税率差异、组织形式税率差异、税收优惠等来避税。为了达到避税的目的，企业的生产经营和企业组织形式往往会偏离社会最优，虽然避税从避税主体的角度来看是有利的，但从社会的角度来看却是无效率的。如为了获得小型微利企业的税率优惠，一些企业不愿意扩大生产规模；为了规避个人所得税，企业为员工提供更多的在职消费代替现金报酬。

（五）各种税收成本之间的关系

近年来，我国政府对税收的管理成本越来越重视，采取了很多措施控制税收的管理成本。但税收的各个成本是相互联系的，如果不从整体上考虑降低税收的成本，可能降低了税收的管理成本增加了税收的其他成本，结果税收的总成本增加了，从社会的角度看其实是增加了福利损失。因此需要深入研究税收的管理成本和税收的其他成本之间存在的关系，才能制定有效的税收政策。

这里简要介绍税收的管理成本和税收的其他成本之间存在的几种关系：

第一，税收管理成本与税收服从成本之间的替代关系。政府可通过一些制度安排将政府税收的管理成本转化为纳税人的服从成本，在减少政府税收管理成本的同时增加纳税人的税收服从成本。

第二，税收管理成本与税收福利成本之间的替代关系。从最优税的角度看，一般来说，商品税的税基越广，税收造成的超额负担越小，如果能将所有商品都纳入税收范围，就可以减少税收的福利成本。但是从税收管理成本的角度来看，征税的商品范围越大，管理成本越高。如果降低征税范围，可以降低税收的管理成本，但却会增加税收的福利成本。增加税收，既可以通过加强税收管理，也可以通过提高税率。从理论上讲，只有当通过增强管理增加单位税收的管理成本与通过提高税率增加单位税收的超额负担相等时，社会成本才达到最低。

第三，税收管理成本与税收逃税成本之间的替代关系。政府增强税收管理，在增加税收的管理成本的同时，减少了纳税人的逃税行为，也减少了纳税人为逃税付出的资源，同时也增了不同风险偏好的纳税人之间的水平公平性，这些都降低了税收的逃税成本。

二、包含税收其他成本的 MCF 估量方法

这一小节介绍 Slemrod 和 Yitzhaki（1996，2002）考虑税收所有成本时的 MCF 的计算公式。

首先分析不包含税收其他成本的 MCF 公式。假定潜在的税收收入为 X_i，因为纳税人对税收作出反应，政府仅征收到 MR_i 的税收。潜在的税收 X_i 可以分为两部分：

$$X_i = (X_i - MR_i) + MR_i \tag{5-1}$$

式中：$(X_i - MR_i)$ 为税收漏出；MR_i 为政府征收到的税收。

这里征收到的税收已知，关键是如何评估漏出的税收。为此，需知道纳税人为节约一单位税收愿意在边际上花费多少，或者说，纳税人为节约一单位税收愿意损失多少效用。答案是，一个理性的纳税人为节约一单位税收，愿意牺牲不超过一单位的货币。因此，在边际上，纳税人为规避单位税收愿意付出的代价等于单位货币的效用，因此征收 MR_i 的税收导致的社会额外成本等于 $(X_i - MR_i)$。如果假定漏出的税收的私人边际成本也是社会成本，那么转移一单位收入政府的社会净成本为$\frac{(X_i - MR_i)}{MR_i}$。

包括缴纳的税收，纳税人的边际总成本为 $1 + \frac{(X_i - MR_i)}{MR_i} = \frac{X_i}{MR_i}$。

然后考虑税收的管理成本和服从成本。政府为筹集 MR_i 的税收的管理成本为 A_i，则政府实际财政收入为 $MR_i - A_i$；纳税人为缴纳 MR_i 付出的服从成本为 C_i，则纳税人缴纳 MR_i 的总成本为 $X_i + C_i$。考虑税收的管理成本和服从成本后，政府通过税收筹集公共资金的 MCF 为：

$$MCF = \frac{X_i + C_i}{MR_i - A_i} \tag{5-2}$$

式中：C_i 是和第 i 种税收相关的边际服从成本；A_i 是和第 i 种税收相关的边际管理成本；$MR_i - A_i$ 是在边际上征收的净税收。

将式（5-2）进行适当变化，得到：

$$MCF = \frac{\frac{X_i}{MR_i} + \frac{C_i}{MR_i}}{1 - \frac{A_i}{MR_i}} \tag{5-3}$$

从式（5－3）可以看出，只要能够知道$\frac{X_i}{MR_i}$、$\frac{C_i}{MR_i}$、$\frac{A_i}{MR_i}$，就可以计算包含税收的福利成本、管理成本、服从成本的MCF。

三、包含税收其他成本的MCF估量

（一）我国税收的管理成本

我国没有公开的关于税收管理成本的数据，以致总成本、分税种成本都没有权威的数据可供借鉴。相关部门往往出于种种考虑，不愿公布有关数据，即使是当前公布出来的少数地区成本数据，由于其统计口径差别很大，缺乏可比性，准确程度也值得怀疑。

当前我国关于税收成本的实证比较少。根据国家税务总局公布的数据测算，1994年税制改革前，我国税收征收成本率为3.12%，1994年税制改革和税务机构分设后，征收成本有所上升，到1996年约为4.73%。我国少数省市曾进行过征税成本方面的统计调查，结果是征税成本占税收收入总额都在3%以上。

近几年来，由于地区间经济发展水平、税源结构状况不同，我国不同地区间税收征收成本率差别较大，东部与沿海地区相对较低，为4%～5%，如山东为4.3%，广东为4.7%；西部及欠发达地区相对较高，约为10%，如内蒙古为9.6%，贵州为11%；中部地区为7%～8%①。本书选用3%、5%和7%三个值。

（二）我国税收的服从成本

对纳税人的服从成本的定量分析更加困难。我国纳税成本存在许多比较突出的问题。例如，复杂的税制结构给纳税人带来诸多不便；纳税人为各种各样的纳税申报表耗费了不少人力和物力。这些成本虽然缺乏进行实证上的统计，但可以推断，我国纳税成本也不低，而且呈上升趋势。本书选用2%和4%两个值。

（三）包含税收福利成本、管理成本和服从成本的MCF估计值

由于逃税成本和避税成本在量上更难确定，这里不予考虑。考虑税收福利成本、管理成本和服从成本数的MCF计算结果见表5－1。

---

① 数据来源于李俊彬、李年（2001）。

表 5－1　　　　中国税收的 MCF 估量

仅包含税收福利成本的 MCF	管理成本（%）	服从成本（%）	包含税收福利成本、管理成本和服从成本的 MCF
1. 206（即储蓄弹性为 0，劳动供给弹性为 0 的情形）	3	2	1. 264
	3	4	1. 285
	5	2	1. 291
	5	4	1. 312
	7	2	1. 318
	7	4	1. 340
1. 298（即储蓄弹性为 0. 4，劳动供给弹性为 0. 15 的情形）	3	2	1. 359
	3	4	1. 380
	5	2	1. 387
	5	4	1. 408
	7	2	1. 417
	7	4	1. 439

从表 5－1 中可以看出，在本书设定的参数下，MCF 的值在 1. 264 ~ 1. 439。由于管理成本和服从成本都没有经验估计值，这里只是在合理的估计范围内提供一个可供查考的估量结果。

由于数据的限制，不对各个税种包含管理成本和服从成本的 MCF 进行估量。

四、小结

税收不仅有福利成本，还有管理成本、服从成本、逃税成本、避税成本。本章对税收的各种成本进行了比较全面的分析，并考查了税收成本之间的关系。在此基础上，定量估计了包含税收福利成本、管理成本和服从成本的 MCF。包含这三种税收成本的 MCF 的值在 1. 264 ~ 1. 439。

第六章　中国税制税收超额负担定量分析

一、文献回顾

税收影响经济行为，造成资源配置的扭曲，从而产生超额负担。国外对于税收超额负担的研究已取得了一定的成果，例如，Adam Smith（1776）认为，政府征税导致的私人成本要高于税收收入；Dupuit（1844）最早给出了计算税收超额负担的方法，即"如果已知税收带来的消费变化，那么就会发现效用损失的上限等于消费变化量与税率乘积的一半"；Harberger（1964）运用二阶近似法推导了超额负担的计算公式；Rosen（1978）直接根据估计的普通需求函数计算税收的超额负担。随着科学技术的发展，经济学家利用计算机模拟技术构建了 CGE 模型，用于经济学的定量分析，现在也被广泛应用于税收超额负担的研究。例如，Shoven（1976）最早运用 CGE 模型测量了企业所得税所造成的税收超额负担；Ballardetal（1982）运用 CGE 模型对美国税收的福利成本进行了全面分析；Jorgenson 和 Yun（1991）运用一个动态跨期优化的 CGE 模型，对美国 1985 年税制改革前后的超额负担进行了全面的比较分析；等等。

国内学者对税收超额负担也进行了相关研究，例如，陈波（1999）对我国税收超额负担进行了定量研究；郝春红（2001）定性地分析了我国增值税、营业税等主要税种税收超额负担；汪昊（2007）利用税收平滑模型，分析了我国 1995—2006 年税收超额负担变化态势；楚文海（2009）采用哈维·罗森推导出的商品税税收超额负担计算公式，测算了我国部分工业行业商品税超额负担；汪浩采用简单的一般均衡模型讨论最优流转税的特点及其带来的"超额负担"；等等。但从定量研究角度看，国内对税收超额负担研究的成果并不多。本书试图在已有研究成果基础上，构建一个多部门的 CGE 模型，对我国税收超额负担总量和构成进行测量与分析，并对减税政策效应进行测算。

二、CGE 模型构建与设定

为避免其他因素对 CGE 模型测算结果的影响，本书对消费者行为、生产者结构以及收入分配基本情况作如下设定。

(一) 消费者行为的设定

模型采用代表性家庭行为假设，消费者拥有劳动禀赋和资本，消费者同时决定要素供给和消费。消费者的效用函数为：$U=U\left[H\left(\prod x_i^{\alpha_i},\ l\right),\ C_f\right]$，其中，$H$ 为商品消费 x_i 与闲暇 l 复合构成的当期效用函数；U 为当期效用 H 与预期未来消费 C_f 所构成的总效用函数；闲暇 l 为消费者劳动禀赋 E 减去劳动供给 L，即 $l=E-L$；假定 C_f 是消费者储蓄 s 的函数，而消费者的储蓄 s 由利率决定。消费者在工资、利率和商品价格给定的条件下，选择最优的闲暇 l、劳动供给 L、商品消费 x_i 和储蓄 s。

(二) 生产结构的设定

根据现有数据条件和 CGE 模型通常的处理方式，模型将生产分为 14 个行业①，每个行业的资本和劳动通过 CES 函数复合构成增加值，增加值和行业总中间投入通过 CES 函数复合构成行业总产出；行业总中间投入由该行业对各个行业的中间投入通过 Leontief 生产函数构成；资本由正规部门资本（企业、事业单位、政府等使用的资本）和非正规部门资本（个体经营者、承包经营等使用的资本）通过 CES 复合构成；国内生产的产品通过 CET 函数转化为内销产品和出口产品，内销产品和进口产品通过 CES 函数复合构成国内商品总供给。

(三) 收入分配的设定

生产中使用的资本和劳动都需要支付要素报酬，资本所得首先要向政府缴纳要素所得税，然后分配给企业和消费者。企业保留部分资本收入，其余分配给消费者。消费者的收入分为劳动收入、资本所得、企业分利和政府转移收入；消费者需要向政府缴纳个人所得税，剩余的收入部分用于购买商品，其余部分则用于储蓄。政府的财政收入主要包括资本收入和税收；政府的财政支出则包括向消费者的转移支付和政府购买，其余部分被

---

① 14 个行业分别为：1. 农业；2. 采掘业；3. 轻工业；4. 重工业；5. 电气水生产与供应业；6. 建筑业；7. 交通运输仓储邮政业；8. 计算机软件业；9. 批发和零售贸易业；10. 住宿和餐饮业；11. 金融保险业；12. 房地产业；13. 租赁和商务服务业；14. 其他行业（教科文卫等事业单位和政府机构）。

视作政府储蓄。

三、税收超额负担测算

我国是以流转税和所得税为双主体的税收体系，其中，增值税、营业税、企业所得税和个人所得税无论从组织收入，还是政策功能，都发挥着极其重要的作用，消费税是在征收增值税的基础上，选择一些特定消费品征收，目前我国消费税征收范围较小，不符合模型要求，本书不予以考虑。因此，本书的分析以上述4个税种为主①。

从国外研究成果来看，采用CGE模型测量税收超额负担一般采用Musgrave（1959）提出的differential分析方法，即在保持政府财政收入不变的条件下，用一种税收取代另一种税收，以分析社会福利的变化，通常采用总额税取代扭曲税，由于总额税不改变商品的相对价格，不产生扭曲效应，社会福利将高于经济中存在扭曲税时的情形，高出部分即为扭曲税产生的超额负担②。

（一）总体税收超额负担

本书通过采集相关数据，建立2007年社会核算矩阵，按照上述分析方法，用总额税替代所有扭曲税，计算总的福利收益，其值即为原来税制所产生的总体超额负担，具体结果见表6-1。表6-1数据显示，即使在假定储蓄弹性和劳动弹性非常小的情况下，我国税收超额负担和税收的比率也超过0.4，即平均每单位税收产生超过0.4单位的超额负担。通过比较发现，在不同的弹性系数下，税收超额负担变动不大，说明弹性系数对税收的超额负担影响不大。

表6-1　　我国总体税收超额负担情况　　单位：亿元、%

储蓄弹性系数	劳动弹性系数	超额负担	超额负担与税收的比率
0.0	0.00	20088.846	40.6
0.0	0.15	20702.960	41.8

① 本书不考虑社会保险费，假定其和个人收益高度相关，不会对劳动者行为产生影响，这一假设在我国当前还是比较现实的。

② 福利的变化用EV（等价性确定量）衡量。EV是指价格变动后居民要恢复到的基期效用水平，即是按基期价格计算所需要的收入。

续表

储蓄弹性系数	劳动弹性系数	超额负担	超额负担与税收的比率
0.4	0.00	21014.200	42.5
0.4	0.15	21631.671	43.7

注：税收数据来自《中国税务年鉴（2008 年）》，其他相关数据来自《中国统计年鉴（2008 年）》。

（二）主要税种超额负担测算

按照上述思路与分析方法，本书使用 CGE 模型，在储蓄弹性系数为 0.4、劳动弹性系数为 0.15 时，测算了我国主要税种的超额负担情况，其中，对个人资本利得由于规模极小，本书不予考虑，具体结果见表 6－2。表 6－2 数据显示，上述 4 个主要税种中，增值税造成的超额负担绝对规模最大，企业所得税的总超额负担最大，每单位企业所得税的平均超额负担也远高于其他税种。这种现象说明，我国目前开征的企业所得税，对于社会经济运行而言，是缺乏效率的，这一研究结论和国际上关于企业所得税的研究成果是相一致的，而劳动要素所得税超额负担绝对规模与相对规模最小。

表 6－2　　　　我国主要税种的超额负担情况　　　　单位：亿元、%

主要税种		超额负担	超额负担与相应税收的比率
增值税		5247.943	33.6
营业税		3357.532	51.0
企业所得税		7620.412	78.8
个人所得税	对劳动要素所得征税	147.959	8.1
	对个体经营资本所得征税	177.318	40.6
	对个人资本利得所得征税	—	—

注：税收数据来自《中国税务年鉴（2008 年）》，其他相关数据来自《中国统计年鉴（2008 年）》。

（三）税率差别产生的税收超额负担

影响税收超额负担的大小不仅是税种性质和税率水平，差别税率也是税收超额负担产生的重要原因。本书利用 CGE 模型，在储蓄弹性等于 0.4，劳动弹性等于 0.15 时，对营业税、增值税和企业所得税由于税率差别造成的税收超额负担进行测算，遵循的思路是：先测量主要税种基期的平均税收负担率，再将相应税种各行业的税率全部设定为平均税收负担率，测算替代后的福利收益，即为税率差别造成的超额负担。具体结果见表6－3。表6－3数据显示，所测算的3个主要税种中，企业所得税由于税率差别产生的超额负担最高，相对规模达到0.167，增值税由于税率差别造成的超额负担无论是绝对规模和相对规模，都是最小的，但总体而言，由于实施差别税率造成的福利损失并不大，这一结果说明，同一税种下产生的税收超额负担主要由税率水平决定。

表6－3　我国三个主要税种实行税率差别造成的超额负担情况　单位：亿元、%

税种	税率差别造成的超额负担	超额负担与相应税收的比率
增值税	468.122	7.1
营业税	969.619	14.7
企业所得税	1620.012	16.7

注：税收数据来自《中国税务年鉴（2008年）》，其他相关数据来自《中国统计年鉴（2008年）》。

四、研究结论与政策建议

（一）研究结论

通过上述分析，结合我国税制实际情况，本书得到以下研究结论：

（1）我国税收超额负担总体处于较高水平。测算结果表明，我国每征收一单位税收，会产生0.4单位的超额负担。近年来，我国进行了多次税制改革，包括2006年的消费税改革、2008年企业所得税改革、2009年的增值税转型改革、2012年开始的营改增，虽然企业税收负担有所下降，但总体而言企业税负仍然很高。较高的税负水平会导致较高的超额负担。因此在政府财力可行的条件下，进一步降低企业税收总体税率，是降低我国税收超额负担，提高经济效率的重要途径。

（2）我国税收超额负担结构性特征明显。上述分析表明，主体税种对税收超额负担形成影响显著，往往筹集收入越多的税种，所产生的超额负担越多，所得税所导致的每单位税收超额负担要高于流转税，单个税种所产生的税收超额负担主要由税率水平决定。

（3）对所得税采取直接减税政策效果明显。上述分析结果表明，我国税收的超额负担主要是由税率水平决定的，采取直接降低企业所得税税率办法，所带来的平均社会福利收益较高，降低税收超额负担的效果明显要好于降低流转税税率效果，因此，从提高经济运行效率的角度出发，应当优先考虑降低企业所得税水平，这一结论从我国2008年企业所得税“两税合并”结果得到验证。

（4）本章的政策模拟分析是在我国全面推开营改增之前进行的，这样的分析对于我国全面推开营改增方案的设计具有一定的参考价值。分析结果表明，一是通过合理的方案设计，营改增能有效地提高我国经济的效率。二是为了获得较高的福利收益，实施营改增的行业增值税税率不宜过高，部分实施营改增行业的增值税税率有必要进一步降低。同时，笔者认为，简并增值税税率，减少增值税行业间税率差距，能有效地提高经济效率。

（二）政策建议

当前，我国经济增长面临较多的困难，政府主要采用扩大政府支出方式应对，在短期内刺激了经济增长，但只是权宜之计，并不能成为经济增长的持久动力；相反，所形成的支出刚性将导致新一轮政府支出规模的扩张。因此，本书认为，从财政政策角度出发，宜采用多种形式的政策促进经济增长，其中，减税是重要政策。在目前我国财政面临支出和收入双重压力的情况下，加强财政支出效率管理，同时实行结构性减税是可行的，重点应推进所得税的减税政策，这样既可以降低企业税负，加快企业资本积累和降低企业运行成本，也可以降低个人的税负，促进投资需求和消费需求的增加，从而促进经济的发展。推行减税政策应强化对支出的管理，提高支出使用效率，只有这样，短期内由于实施减税政策带来的收入减少效应不会对财政带来大的冲击，从长期来看，减税将有助于促进经济增长。

五、小结

税收的超额负担是税制潜在的效率改进空间，测量税收的超额负担对于改进税制效率具有重要意义。本章运用CGE模型对我国税收的超额负担进行了估计。研究结果表明，我国税收超额负担总体处于较高水平，主体税种对超额负担的形成影响显著。为了降低我国税收的超额负担，需要大力推行结构性减税。

第七章 结论与展望

一、研究结论和启示

本书使用一个动态多部门 CGE 模型对我国税收的 MCF 进行了比较全面的估量和分析。本书的结论对我国政府财税政策具有一定的参考价值。从结果可以看出，我国税收的 MCF 是比较高的，考虑税收的福利成本，我国税收的平均 MCF 要大于 1.206，这说明，在我国通过税收筹资的公共项目，每单位支出的价值至少要大于 1.206 才是有效率的。如果再考虑税收的管理成本和服从成本，则我国税收的 MCF 可能会大于 1.264。且各个税种间、同一税种行业间的 MCF 差别较大，反映了我国税收对资源配置的扭曲程度较大，也说明我国税制优化的空间还很大。

研究结果表明，取消营业税改征增值税会获得较大的福利收益；提高企业所得税的征收率并尽量减少各种不必要的税收优惠，保证企业所得税税率在行业间分布均匀，都会获得较高的福利收益。研究结果还表明，在我国通过减税可以获得较高的福利收益。

MCF 是衡量政府公共支出的成本的重要指标，本书的估量结果对于完善公共项目的评估方法、研究我国政府的合理规模和完善税制结构具有重要参考价值。

二、创新及贡献

本书对 MCF 的文献进行了系统的总结。自 MCF 概念被提出以来，已有大量关于 MCF 的研究，但还没有文献对 MCF 的研究进行全面的总结。本书作者在潜心阅读了大量相关文献之后，对 MCF 的研究文献进行了比较系统的总结，对于 MCF 的研究价值、理论来源、发展过程和研究前沿问题进行了比较全面的说明。最近 30 年 MCF 在公共经济学领域受到很大的重视，成为税收效率分析的核心概念，具有重要的研究价值，但遗憾的是，这一概念至今还没有在国内受到足够的重视。本书的文献综述为我国深入进行这方面的研究提供了一个良好的基础。

CGE 已成为国际上一种标准的政策分析工具，被广泛应用于税收和国际贸易政策分析。在国外，一些研究机构和一批专家专门从事 CGE 的建模和研究。在我国，运用 CGE 模型的研究并不多，而且这些研究建立的 CGE 模型很少是专门为分析税收建立的。本书根据我国的实际情况，构建了一个多部门的动态一般均衡模型，可用于对我国的税收政策进行分析模拟。

运用 CGE 模型比较全面地测量和分析中国的 MCF。从 Browning (1976) 首次提出 MCF 的概念之后，关于 MCF 的估量和分析主要集中在发达国家，关于发展中国家的 MCF 研究的文献仅有 4 篇。关于中国的文献仅有一篇英文论文，仅使用局部均衡分析法对我国间接税的 MCF 进行了估量，且研究距离现在已有较长时间。另外国内陈波 1999 年在关于税收超额负担的博士论文里提到了 MCF，但这只是他的论文里很边缘的部分，他并没有对这个概念进行深入分析，且他的估量方法存在问题。本书运用 CGE 模型对我国税收的 MCF 进行了比较全面的估量，并运用该模型分析和研究了我国税制改革，对于当前我国的税制改革具有一定的参考价值。在目前的条件下，本书作者进行了最大的努力，对我国税收的 MCF 进行了定量分析。

三、研究局限及未来研究方向

（一）研究局限

1. 研究方法的局限

本书使用 CGE 模型对我国税收的 MCF 进行定量分析。CGE 模型研究的结果是否有效，取决于模型的各种假设是否符合实际经济情况。在建模过程中，许多方面依赖于研究者的判断和选择，研究者的选择是否符合实际经济情况影响结果的有效性。

第一，本模型使用的是 Myopic 预期的动态结构。这种模型比较符合中国的实际。国外有不少 CGE 模型使用的是 perfect insight 预期，如 Jorgenson (1989)、Auerbach 和 Kotlikoff (1987)。perfect insight 预期对市场经济非常发达、经济结构比较稳定的西方国家比较合适。随着我国市场经济的不断完善、经济结构逐渐稳定，经济行为主体的行为会趋近于 perfect insight 预期，将来采用 perfect insight 预期的动态结构可能会比较合理。

第二，每个行业内都有不同的企业，它们的行为模式并不相同，模型没有细分不同类型的企业，假定所有的生产活动都追求利润最大化。我国还有一些行业国有企业占主导地位，它们的行为并不一定满足利润最大化。

第三，模型没有包含金融市场。总国民储蓄假定完全转化为总投资，实际上假定一个完全资本市场，和中国的实际情况有一定差距。目前，仅 Mckabin（1999）企图将金融市场嵌入 CGE 模型中。

第四，本书假设市场是完全竞争的，要素完全被利用，没有外部性，要素可以完全流动，这和实际情况也有一定差距。国外有少量文献讨论了市场不完全竞争、存在外部性、要素市场存在扭曲等条件下的 MCF。在 CGE 模型中很难考虑经济的这些特征。

本书估量的 MCF 的价值依赖于对 CGE 模型的估量结果和用于政策分析的可信性。要指出 CGE 模型存在的问题，如模型的假设、模型结构的选择、数据的可靠性等是很容易的。但正如 Ballard 等人（1985）指出，在实际中政府需要制定经济政策，如果没有相关的模型分析，通常的经济理论的分析并不能适应制定政策的需要。因此，CGE 这样的模型在政策制定中具有重要作用。正如在大海中航行，如果没有任何坐标，我们就完全不知道自身所在之处；如果有一些航标，尽管它们不是很准确，只要大体方位不错，对于航行也是很有价值的。当然，运用 CGE 得出的结果不是确定性的，而是指导性的，这些结果只是提供一个合理的参考。

2. 研究数据的局限

定量研究 MCF，一个非常困难的问题在于我国数据贫乏。我国开始对经济进行数量分析的历史不长，国家公布的数据不充分，对经济问题进行定量研究缺乏积累，一些重要的经济参数还缺乏定量研究，影响了对 MCF 的全面分析。

第一，税制特征参数缺乏。目前的数据还难以将税制的一些重要特征在模型中加以反映。如果要对 MCF 进行更广泛的定量研究，需要对税制的很多特征进行分析，但目前关于这方面的研究很少，没有可资借用的资源。

第二，数据滞后。本书编制的 2007 年 SAM 相对还是比较新的。国际上影响非常广泛的 GTAP 组织目前使用的数据库还是 2004 年的。但对于我国这样一个经济结构变动较快的发展中国家数据越新越好。

第三，经济环境参数缺乏。要对各种经济环境下的 MCF 进行定量分析，需要得到各种经济环境的一些特征参数，但目前我国这方面的研究还非常缺乏。

（二）未来研究方向

本书研究的局限就是进一步研究的出发点。

1. CGE 模型的改进

由于 CGE 模型的建模是一个非常复杂的过程，本书构建的模型在使用目前 CGE 建模通常采用的结构的同时，也考虑了中国的实际情况。随着国内经济学家对我国经济各个局部问题研究的不断深入，以及对中国经济运行特征认识的不断深入和建模技巧的提高，在模型中会尽可能地反映中国经济的特征。

2. MCF 研究范围的扩大

随着我国政府收入的规范和中国统计数据的不断完善，提供给研究的资料会越来越丰富，MCF 的定量分析结果会更加可靠。

3. 密切跟踪 MCF 的研究最新进展

本书文献综述部分说明了 MCF 的一些最新研究进展，这些研究方向目前很多才刚开始，还有很大的研究潜力。随着认识的深化，可能还有一些新的研究方向，值得跟踪研究。

附录：CGE 模型程序文件

```
*==============================================================
  □ codes of a CGE model for tax analysis
  □Written by Liu Ming
  □Contact:
  □hart_liu@ sina. com
  □Central University of Finance and Economics
*==============================================================
    *======================
    * SET DECLARATIONS
    *======================
set AC/1A * 14A, 1c * 14c, LAB, DEP, NCAP, FCAP, HH, ENT, GOV, BUST,
VAT, COMT, VATM, VATE, TARIFF, NTAX, YTAX, PTAX, INV, STK, ROW,
TOTAL/
        A(AC)/1A * 14A/
        C(AC)/1c * 14c/
    alias(AC, ACP), (A, AP), (C, CP);
    ;
    set T   time period      /2007 * 2012/
        TI(T)/                2012/
        TT(T)
    alias(T, T1);

    set S   simulation framework      /2007 * 2100/
```

```
;
*====================
* SAM AND Elasticities
*====================
table   SAM2007( AC, ACP)
( Omitted)
;
*========================================
SCALAR SCALE /100000/;

parameter SAM( AC, ACP) ;
SAM( AC, ACP) = SAM2007( AC, ACP) /SCALE;

parameter PIT( * ) household income tax;
PIT( 'divident tax') = (2748. 50632665922 - 1815. 5251) /SCALE;
PIT( 'wage tax')     = 1815. 5251/SCALE;
*========================================
set   CC( C)
      AT( A)
      VT( A)
      NKT( A)
;
CC( C) = YES $ SAM( C, 'HH') ;
AT( A) = YES $ SAM( 'BUST', A) ;
VT( A) = YES $ SAM( 'VAT', A) ;
NKT( A) = YES $ SAM( 'NTAX', A) ;

PARAMETERS
elasa( A)       top level production elasticity between VA and INTA
elasva( A)      CES elasticity between capital and labor
elask( A)       CES elasticity between formal and imformal capital
elasac( C)      output aggregation elasticity for commodity C
elast( C)       CET elasticity
```

```
elasm(C)      Armington elasticity

elasu         CES elasticity between current and future consumption
elass         elasticity of saving with respect to interest rate
elasl         elasticity of labor supply with respect to wage
elasle        elasticity of leisure with respect to wage
elasc         CES elasticity between composite goods and leisure

sigmae(C)     Export demand elasticity
sigmam(C)     Import supply elasticity
;
*===============================
* from https://www.gtap.agecon.purdue.edu/
elasva('1a') =0.24;
elasva('2a') =0.20;
elasva('3a') =1.12;
elasva('4a') =1.26;
elasva('5a') =1.26;
elasva('6a') =1.68;
elasva('7a') =1.68;
elasva('8a') =1.26;
elasva('9a') =1.26;
elasva('10a') =1.26;
elasva('11a') =1.26;
elasva('12a') =1.26;
elasva('13a') =1.26;
elasva('14a') =1.26;

elasm('1c') =3;
elasm('2c') =2.9;
elasm('3c') =2;
elasm('4c') =3;
elasm('5c') =2.8;
```

```
elasm('6c') =1.9;
elasm('7c') =1.9;
elasm('8c') =1.9;
elasm('9c') =1.9;
elasm('10c') =1.9;
elasm('11c') =1.9;
elasm('12c') =1.9;
elasm('13c') =1.9;
elasm('14c') =1.9;
*================================
* from Zhai fan and He jianwu(2006)
elasa(A) =0.20;
elast(C) =3.00;

elasac(C) =1.01;
*================================
* set so that price has a little impact on import and export
sigmae(C) = -5;
sigmam(C) =5;
*================================
* from Fullerton and Henderson(1989)
elask(A) =1.01;
*================================
* two important parameter but no empirical research in China.
* use the value from BFSW model(1985)
* elass =0,0.4,0.8;
* elasl =0,0.15,0.30;
*================================
****************
* choose the value of rhou so that simulated savings elasticity is equal to
empirical value
****************
$ include "D: parameter. gms"
```

```
*******************************************

parameter
rhoa(A)       CES top level function exponent
rhova(A)      CES activity production function exponent
rhok(A)
rhoac(C)      domestic commodity aggregation function exponent
rhot(C)       CET function exponent
rhom(C)       Armington function exponent

rhou          utility function exponent
rhoc          consumption function exponent
;
rhoa(A) =1 -1/elasa(A);
rhova(A) =1 -1/elasva(A);
rhok(A) =1 -1/elask(A);
rhoac(C) =1 -1/elasac(C);
rhot(C) =1 +1/elast(C);
rhom(C) =1 -1/elasm(C);

rhou    =1 -1/elasu;
rhoc    =1 -1/elasc;
*===============================
* PARAMETER DECLARATIONS
*===============================
PARAMETER
* a. Parameters appearing in model equations
dwts(C)           consumer price index weights

alphaa(A)         shift parameter for top level CES function
deltaa(A)         share parameter for top level CES function

ica(C, A)         intermediate input C per unit of aggregate intermediate
```

alphava(A)   shift parameter for CES activity production function
deltava(A)   share parameter for CES activity production function

alphak(A)   shift parameter for CES function of composition of formal and imformal capital
deltak(A)   share parameter for CES function of composition of formal and imformal capital
dept(A)   depreciate rate for industry A

theta(A, C)   yield of commodity C per unit of activity A
deltaac(A, C)   share parameter for domestiv commodity aggregation

tfk0(A)   initial tax rate of formal capital
tnk0(A)   initial tax rate of imformal capital
ta0(A)   initial tax rate of on producer gross output value
tx0(A)   initial tax rate of other tax on activity
tva0(A)   initial tax rate of value added
tvam0(C)   initial tax rate of value added of import commodity
tvab0(C)   initial rebate rate of value added of export commodity
tf0(C)   initial tax rate of import
tq0(C)   initial tax rate of sales

tfk(A, T)   tax rate of formal capital
tnk(A, T)   tax rate of imformal capital
ta(A, T)   tax rate of on producer gross output value
tx(A, T)   tax rate of other tax on activity
tva(A, T)   tax rate of value added
tvam(C, T)   tax rate of value added of import commodity
tvab(C, T)   rebate rate of value added of export commodity
tf(C, T)   rate of import tax
tq(C, T)   rate of sales tax

alphat(C)	shift parameter for CET function
deltat(C)	share parameter for CET function
alpham(C)	shift parameter for Armingtion function
deltam(C)	share parameter for Armingtion function
ktrrow0	transfer from capital income to ROW
ktrgov0	transfer from capital income to ROW
rowtrl0	transfer from ROW to labor
rowtrhh0	transfer from ROW to household
gtrrow0	transfer from govenment to ROW
econt0(C)	initial export exponent
mcont0(C)	initial import exponent
econt(C, T)	export exponent
mcont(C, T)	import exponent
ktrrow(T)	transfer from capital income to ROW
ktrgov(T)	transfer from capital income to ROW
rowtrl(T)	transfer from ROW to labor
gtrrow(T)	transfer from govenment to ROW
rowtrhh(T)	transfer from ROW to household
yr	enterprise share of capital income
ytax0	tax rate of enterprise income
wt0	tax rate of household labor income
rt0	tax rate of household dividend income
wt(T)	tax rate of household labor income
rt(T)	tax rate of household dividend income
ytax(T)	tax rate of enterprise income
deltath	share parameter for TH in hh′s total utility
deltafc	share parameter for FC in hh′s total utility

deltah	share parameter for HC in hh′s cosumption of TH
deltal	share parameter for TH in hh′s cosumption of TH
beta(C)	weighting parameters in Cobb-Douglas expenditure shares
alphahc	shift parameter in Cobb-Douglas expenditure shares
gamma	the constant that converts savings into capital service units
rate0	interest rate
rate(T)	the rate of return
disct	discount rate
lshr	labor share in total time endowment
ici(C)	investment price index weights
icg(C)	gov′t consumption price index weights
ics(C)	stock price index weights
gt	grow rate
gl	growth rate of natural units of labor
gh	growth rate of output per worker hour
gtrend(T)	grow trend
lamdal(T)	labor productivity
lamdak(T)	capital productivity
glab(T)	growth rate of natural units of labor
tm	the number of counting
elasx	dummy variable for computation of elass
EV	change in equivalent variation
GR	change in government reverue
MCF	marginal cost of public funds

* b. Parameters used for model calibration to initialize variables and to define model parameters

QA0(A)	quantity of domestic activity A
QVA0(A)	quantity of aggregate value added

QINTA0(A)	quantity of aggregate intermediate input
PA0(A)	price of domestic activity A
PVA0(A)	price of value added
PINTA0(A)	price of intermediate aggregate
QINT0(C, A)	quantity of intermediate demand for C from activity A
LD0(A)	quantity of labor demand
KD0(A)	quantity of Captital demand
RK0	net rent of capital
DEP0	initial depreciation
WAGE0	wage for labor
PK0(A)	price of total capital consumption for enterprise
FK0(A)	rent price for formal capital
NK0(A)	rent price for imformal capital
QXAC0(A, C)	quantity of outputof commodity C from activity A
PXAC0(A, C)	price of outputof commodity C from activity A
QX0(C)	quantity of aggregate marketed commodity output
PX0(C)	price of aggregate marketed commodity output
QE0(C)	quantity of exports
PE0(C)	price of exports
QD0(C)	quantity of domestic activity
PD0(C)	price of domestic activity
QQ0(C)	quantity of composite good C
PQ0(C)	price of composite good C
QM0(C)	quantity of imports
PM0(C)	price of imports

CPI0 comsumer price index
EXR0 exchange rate

YL0 labor income
CY0 enterprise income
CDIST0 enterprise distribution to household
CSAVE0 enterprise savings
YH0 household income

YD0 hh's disposed income
YI0 hh's income

HU0 hh's utility level
PU0 price of hh's utility
FC0 hh's future consumption
PFC0 price of future consumption
HS0 household savings

TH0 hh's consumption of composite of commodity and leisure
PTH0 price of hh's consumption of composite of commodity and leisure
DC0 diference hh's consumption between baseline and simulation scenario
HL0 hh's consumption of leisure
PL0 price of leisure
PHC0 price of hh total cosumption of composite commodity
HC0 hh's total consumption of composite commodity
QH0(C) hh's consumption of commodity C
PK0 price of investment

YG0 government income
GTRHH0 transfer from govenment to household
DG0 diference government revenue between baseline and simu-

lation scenario

```
QINV0(C)      quantity of investment demand for commodity C
QG0(C)        quantity of government demand for commodity C
EG0           government expenditure
GSAV0         government savings

INV0          quantity of investment
IPI0          price index of investment
GC0           quantity of government consumption
GPI0          price index of government consumption
SC0           quantity of stock
SPI0          price index of stock

TE0           total time endowment
KS0           Capital supply

QDST0(C)      stock changes
FSAV0         foreign savings

PWM0(C)       world price of import
PWE0(C)       world price of export

WALRAS0       savings-investment imbalance
GDP0          GDP volume
;
*================================
* PARAMETERS DEFINITIONS
*================================
PA0(A)     =1;
PVA0(A)     =1;
PINTA0(A) =1;
PQ0(C)     =1;
PXAC0(A,C) =1;
```

```
PX0(C)      =1;
PD0(C)      =1;
PWE0(C)     =1;
PWM0(C)     =1;

dwts(C) =sam(C,'hh')/sum(CP,sam(CP,'HH'));
CPI0 =SUM(C,dwts(C) * PQ0(C));
EXR0 =1;
*=================
QVA0(A) =(SAM('FCAP',A) +SAM('NCAP',A) +SAM('YTAX',A) +
SAM('NTAX',A) +SAM('DEP',A) +SAM('LAB',A) +SAM('VAT',A))/
PVA0(A);
QINTA0(A) =SUM(c,SAM(c,A))/PINTA0(A);
QA0(A) =(QVA0(A) * PVA0(A) +QINTA0(A) * PINTA0(A) +SAM('
GOV',A) +SAM('BUST',A))/PA0(A);

ta0(A) =SAM('BUST',A)/(QA0(A) * PA0(A));
tx0(A) =SAM('GOV',A)/(QA0(A) * PA0(A));
deltaa(A) = PVA0(A) * QVA0(A) * * (1 - rhoa(A))/(PVA0(A) *
QVA0(A) * * (1 - rhoa(A)) + PINTA0(A) * QINTA0(A) * * (1 - rhoa
(A)));
alphaa(A) = QA0(A)/(deltaa(A) * QVA0(A) * * rhoa(A) + (1 - deltaa
(A)) * QINTA0(A) * * rhoa(A)) * * (1/rhoa(A));

QINT0(C,A) =SAM(C,A)/PQ0(C);
QXAC0(A,C) =SAM(A,C)/PXAC0(A,C);
QX0(C) =SUM(A,SAM(A,C))/PX0(C);

ica(C,A) =QINT0(C,A)/QINTA0(A);
theta(A,C) =QXAC0(A,C)/QA0(A);
deltaac(A,C) =PXAC0(A,C) * QXAC0(A,C) * * (1 -rhoac(C))/(PX0
(C) * QX0(C) * * (1 -rhoac(C)));
```

```
*=================
lamdal(T) =1;
lamdak(T) =1;

RK0 =1;
FK0(A) =SAM('FCAP', A)/RK0;
NK0(A) =SAM('NCAP', A)/RK0;
DEP0 =SUM(A, SAM('DEP', A));

WAGE0 =1;
LD0(A) =SAM('LAB', A)/WAGE0;
KD0(A) =SAM('FCAP', A) +SAM('NCAP', A);
PK0(A) =(SAM('FCAP', A) +SAM('NCAP', A) +SAM('DEP', A) +
SAM('YTAX', A) +SAM('NTAX', A))/(SAM('FCAP', A) +SAM('NCAP',
A));

dept(A) =SAM('DEP', A)/KD0(A);
tfk0(A) =SAM('YTAX', A)/SAM('FCAP', A);
tnk0(A) $ SAM('NCAP', A) =SAM('NTAX', A)/SAM('NCAP', A);

deltak(A) $ SAM('NCAP', A) =(1 +tfk0(A)) * RK0 * FK0(A) * *(1 -
rhok(A))/((1 +tnk0(A)) * RK0 * NK0(A) * *(1 -rhok(A)) +(1 +tfk0
(A)) * RK0 * FK0(A) * *(1 -rhok(A)));
alphak(A) $ SAM('NCAP', A) =KD0(A)/(deltak(A) * FK0(A) * *
rhok(A) +(1 -deltak(A)) * NK0(A) * *rhok(A)) * *(1/rhok(A));

tva0(A) =SAM('VAT', A)/(SAM('FCAP', A) +SAM('NCAP', A) +SAM('
YTAX', A) +SAM('NTAX', A) +SAM('LAB', A) +SAM('DEP', A) +SAM('
VAT', A));
deltava(A) =WAGE0 * LD0(A) * *(1 -rhova(A))/(WAGE0 * LD0(A) * *
(1 -rhova(A)) +PK0(A) * KD0(A) * *(1 -rhova(A)));
alphava(A) =QVA0(A)/(deltava(A) * LD0(A) * *rhova(A) +(1 -del-
tava(A)) * KD0(A) * *rhova(A)) * *(1/rhova(A));
```

```
*=================
QE0(C) $ SAM(C,'ROW') =SAM(C,'ROW')/PWE0(C);
tvab0(C) $ QE0(C) = -SAM('VATE',C)/( -SAM('VATE',C) +SAM(C,'ROW'));
PE0(C) $ QE0(C) =PWE0(C)/(1 -tvab0(C));
QD0(C) =(PX0(C) *QX0(C) -PE0(C) *QE0(C))/PD0(C);

QM0(C) $ SAM('ROW',C) =SAM('ROW',C);
tvam0(C) $ QM0(C) =SAM('VATM',C)/(SAM('ROW',C) +SAM('TARIFF',C));
tf0(C) $ QM0(C) =SAM('TARIFF',C)/SAM('ROW',C);
PM0(C) $ QM0(C) =PWM0(C) *((1 +tf0(C)) *(1 +tvam0(C)));

deltat(C) $ QE0(C) =PE0(C) *QE0(C) **(1 -rhot(C))/(PE0(C) *QE0(C) **(1 -rhot(C)) +PD0(C) *QD0(C) **(1 -rhot(C)));
alphat(C) $ QE0(C) =QX0(C)/(deltat(C) *QE0(C) **rhot(C) +(1 -deltat(C)) *QD0(C) **rhot(C)) **(1/rhot(C));

QQ0(C) =(QD0(C) *PD0(C) +QM0(C) *PM0(C) +SAM('COMT',C))/PQ0(C);
tq0(C) =SAM('COMT',C)/(PQ0(C) *QQ0(C));

deltam(C) $ QM0(C) =PM0(C) *QM0(C) **(1 -rhom(C))/(PM0(C) *QM0(C) **(1 -rhom(C)) +PD0(C) *QD0(C) **(1 -rhom(C)));
alpham(C) $ QM0(C) =QQ0(C)/(deltam(C) *QM0(C) **rhom(C) +(1 -deltam(C)) *QD0(C) **rhom(C)) **(1/rhom(C));

econt0(C) $ QE0(C) =QE0(C)/(PWE0(C) **sigmae(C));
mcont0(C) $ QM0(C) =QM0(C)/(PWM0(C) **sigmam(C));
econt(C,T) $(ord(T) eq 1 and QE0(C)) =econt0(C);
mcont(C,T) $(ord(T) eq 1 and QM0(C)) =mcont0(C);
```

```
*=================
ktrrow0 = SAM('ROW', 'FCAP')/EXR0;
ktrgov0 = SAM('GOV', 'FCAP')/CPI0;
rowtrl0 = SAM('LAB', 'ROW')/EXR0;
rowtrhh0 = SAM('HH', 'ROW')/EXR0;
gtrrow0 = SAM('ROW', 'GOV')/EXR0;
gtrhh0 = SAM('HH', 'GOV')/CPI0;

ktrgov(T) $(ord(T) eq 1) = ktrgov0;
ktrrow(T) $(ord(T) eq 1) = ktrrow0;
rowtrl(T) $(ord(T) eq 1) = rowtrl0;
rowtrhh(T) $(ord(T) eq 1) = rowtrhh0;
gtrrow(T) $(ord(T) eq 1) = gtrrow0;

*=================
QINV0(C) = SAM(C, 'INV');
QG0(C) = SAM(C, 'GOV');
QDST0(C) = SAM(C, 'STK');

IPI0 = 1;
GPI0 = 1;
SPI0 = 1;

INV0 = SUM(C, SAM(C, 'INV'))/IPI0;
GC0 = SUM(C, SAM(C, 'GOV'))/GPI0;
SC0 = SUM(C, SAM(C, 'STK'))/SPI0;

ici(C) = QINV0(C)/INV0;
icg(C) = QG0(C)/GC0;
ics(C) = QDST0(C)/SC0;

*=================
YL0 = SUM(A, WAGE0 * LD0(A)) + rowtrl0 * EXR0;
```

```
CY0 = SAM('ENT', 'FCAP');
CSAVE0 = SAM('INV', 'ENT')/IPI0;
cdist0 = SAM('HH', 'ENT')/CY0;

*=================
YG0 = SAM('GOV', 'TOTAL') - SAM('GOV', 'FCAP');
GSAV0 = SAM('INV', 'GOV')/IPI0;
EG0 = sum(C, SAM(C, 'GOV'));
GSAV0 = (YG0 + ktrgov0 * CPI0 - EG0 - gtrhh0 * CPI0 - gtrrow0 *
EXR0)/IPI0;
DG0 = 0;
*==================
PU0 = 1;
PTH0 = 1;
PHC0 = 1;
lshr = 6.087/7;

TE0 = SUM(A, LD0(A))/lshr;
KS0 = SUM(A, FK0(A) + NK0(A));

gt = 0.08;
gamma = gt * KS0/(INV0 - DEP0);
wt0 = PIT('wage tax')/SAM('hh', 'lab');
rt0 = PIT('divident tax')/(cdist0 * CY0);

PL0 = (1 - wt0) * WAGE0;
PFC0 = IPI0 * PHC0/(RK0 * gamma);

gtrend(T) = gt;
glab(T) = gt;

rate0 = RK0 * gamma/IPI0;
disct = rate0;
```

```
YH0 = SAM('HH', 'TOTAL');
YD0 = YH0 - SAM('PTAX', 'HH');
HL0 = TE0 * (1 - lshr);
YI0 = YD0 + PL0 * HL0;

HS0 = SAM('INV', 'HH')/IPI0;
FC0 = HS0 * IPI0/PFC0;
TH0 = (YI0 - FC0 * PFC0)/PTH0;
QH0(C) = SAM(C, 'HH');
HC0 = sum(C, SAM(C, 'HH'))/PHC0;
HU0 = (PTH0 * TH0 + PFC0 * FC0)/PU0;
DC0 = 0;

beta(C) = QH0(C) * PQ0(C)/(PHC0 * HC0);
alphahc = HC0/prod(C, QH0(C) ** beta(C));

* elasle = -elasl/(1/lshr - 1);
* elasc
= ( -elasle + PL0 * TE0/YI0 - PL0 * HL0/(YI0 - HS0))/(1 - PL0 * HL0/
(YI0 - HS0));

deltah = (PHC0 * HC0/TH0) * (HC0/TH0) ** ( -rhoc);
deltal = (PL0 * HL0/TH0) * (HL0/TH0) ** ( -rhoc);

rhou = 1 - 1/elasu;
deltath = (PTH0 * TH0/HU0) * (TH0/HU0) ** ( -rhou);
deltafc = (PFC0 * FC0/HU0) * (FC0/HU0) ** ( -rhou);

QQ0(C) = SUM(A, QINT0(C, A)) + QH0(C) + QG0(C) + QINV0(C) +
QDST0(C);
FSAV0 = SAM('INV', 'ROW');
WALRAS0 = HS0 + CSAVE0 + GSAV0 + FSAV0 * exr0 + DEP0 - (INV0 *
```

```
IPI0 + SC0 * SPI0);
    GDP0 = SUM(C, PQ0(C) * QH0(C)) + SUM(C, PQ0(C) * QG0(C)) +
SUM(C, PQ0(C) * QINV0(C)) + SUM(C, PQ0(C) * qdst0(C)) + SUM(C, PE0
(C) * QE0(C)) - SUM(C, PM0(C) * QM0(C));

    econt(C, T) $(ord(T)   gt   1   and   QE0(C)) = econt0(C) * prod(T1
$(ord(T1) lt ord(T)), 1 + gtrend(T));
    mcont(C, T) $(ord(T)   gt   1   and   QM0(C)) = mcont0(C) * prod(T1
$(ord(T1) lt ord(T)), 1 + gtrend(T));

    ktrgov(T) $(ord(T) gt 1) = ktrgov0 * prod(T1 $(ord(T1) lt ord(T)), 1 +
gtrend(T));
    ktrrow(T) $(ord(T) gt 1) = ktrrow0 * prod(T1 $(ord(T1) lt ord(T)), 1 +
gtrend(T));
    rowtrl(T) $(ord(T) gt 1) = rowtrl0 * prod(T1 $(ord(T1) lt ord(T)), 1 +
gtrend(T));
    rowtrhh(T) $(ord(T) gt 1) = rowtrhh0 * prod(T1 $(ord(T1) lt ord(T)), 1 +
gtrend(T));
    gtrrow(T) $(ord(T) gt 1) = gtrrow0 * prod(T1 $(ord(T1) lt ord(T)), 1 +
gtrend(T));

    tfk(A, T) = tfk0(A);
    tnk(A, T) = tnk0(A);
    ta(A, T) = ta0(A);
    tx(A, T) = tx0(A);
    tva(A, T) = tva0(A);
    tvam(C, T) = tvam0(C);
    tvab(C, T) = tvab0(C);
    tf(C, T) = tf0(C);
    tq(C, T) = tq0(C);
    wt(T)     = wt0;
    rt(T)     = rt0;
```

```
*=======================
* VARIABLE DECLARATIONS
*=======================
VARIABLES
QA(A,T)            quantity of domestic activity A
QVA(A,T)           quantity of aggregate value added
QINTA(A,T)         quantity of aggregate intermediate input
PA(A,T)            price of domestic activity A
PVA(A,T)           price of value added
PINTA(A,T)         price of intermediate aggregate
QINT(C,A,T)        quantity of intermediate demand for C from activity A

LD(A,T)            quantity of labor demand
KD(A,T)            quantity of Captital demand
WAGE(T)            wage for labor
PK(A,T)            price of capital comsumption for enterprise
DEP(T)             total depreciate

RK(T)              net rent of capital
FK(A,T)            formal captial stock
NK(A,T)            imformal captial stock

QXAC(A,C,T)        quantity of outputof commodity C from activity A
PXAC(A,C,T)        price of outputof commodity C from activity A

QX(C,T)            quantity of aggregate marketed commodity output
PX(C,T)            price of aggregate marketed commodity output
QE(C,T)            quantity of exports
PE(C,T)            price of exports
QD(C,T)            quantity of domestic activity
PD(C,T)            price of domestic activity
```

QQ(C, T)	quantity of composite good C
PQ(C, T)	price of composite good C
QM(C, T)	quantity of imports
PM(C, T)	price of imports
CPI(T)	comsumer price index
EXR(T)	exchange rate
YL(T)	labor income
CY(T)	enterprise income
CDIST(T)	
CSAVE(T)	enterprise savings
YH(T)	household income
YD(T)	hh's disposed income
YI(T)	
FC(T)	hh's future consumption
PFC(T)	price of future consumption
HU(T)	hh's utility level
PU(T)	price of hh's utility
TH(T)	hh's consumption of composite of commodity and leisure
PTH(T)	price of hh's consumption of composite of commodity and leisure
HS(T)	household savings
PHC(T)	price of hh total cosumption of composite commodity
DC(T)	
HC(T)	hh's total consumption of composite commodity
HL(T)	hh's consumption of leisure
PL(T)	price of leisure
QH(C, T)	hh's consumption of commodity C

YG(T)	government income
GTRHH(T)	transfer from ROW to household
DG(T)	chang of government income
QINV(C, T)	quantity of investment demand for commodity C
QG(C, T)	quantity of government demand for commodity C
EG(T)	government expenditure
GSAV(T)	government savings
INV(T)	quantity of investment
IPI(T)	price index of investment
GC(T)	quantity of government consumption
GPI(T)	price index of government consumption
SC(T)	quantity of stock
SPI(T)	price index of stock
TE(T)	total time endowment
KS(T)	Capital supply
QDST(C, T)	stock changes
FSAV(T)	foreign savings
PWM(C, T)	world price of import
PWE(C, T)	world price of export
WALRAS(T)	savings-investment imbalance
GDP(T)	GDP volume
;	
EQUATION	
QAeq(A, T)	CES aggregate production function
PVAeq(A, T)	VA price for activity A
QAFOC(A, T)	CES aggregate first order condition

QINTeq(C, A, T)	intermediate demand for commodity C from activity A
PINTAeq(A, T)	price of aggregate intermediate input
QVAeq(A, T)	CES value-added production function
FDISeq(A, T)	Value-added distributed to factors
QVAFOC(A, T)	CES value-added first order condition
DEPeq(T)	total depreciation function
KDeq1(A, T)	capital composition
KDeq2(A, T)	capital composition
PKeq(A, T)	price of compositon of capital
KDFOC(A, T)	F. O. C for compositon of capital
QXACeq(A, C, T)	production function for commodity C and activity A
PAeq(A, T)	output price for activity A
QXeq(C, T)	output aggregation function
QXACFOC(A, C, T)	first-order condition for output aggregation function
CETeq1(C, T)	CET function
CETeq2(C, T)	CET function
PXeq(C, T)	value of marketed domestic output
QEFOC(C, T)	export supply
QQeq1(C, T)	composite commodity aggregation function
QQeq2(C, T)	composite commodity aggregation function
PQeq(C, T)	value of sales in domestic market
QQFOC(C, T)	first-order condition for composite commodity cost minimization
PINDEX(T)	consumer price index
QEeq(C, T)	quantity of export

QMeq(C, T)	quantity of import
PWEeq(C, T)	foreign price of export
PWMeq(C, T)	foreign price of import
YLeq(T)	labor income
CYeq(T)	enterprise income
CSAVeq(T)	enterprise savings
YHeq(T)	household income
YDeq(T)	household disposable income
YIeq(T)	expanded hh's income
PFCeq(T)	price of future consumption
FCeq(T)	future consumption
PLeq(T)	price of leisure
HUeq(T)	household total utility
PUeq(T)	price of hh's utility
HBeq(T)	household budget
HUFOC(T)	First-order of household utility maximization
THeq(T)	household consumption of composition of commodity and leisure
PTHeq(T)	price of consumption of composition of commodity and leisure
THFOC(T)	First-order of household consumption of composition of commodity and leisure
DCeq(T)	difference of household consumption
HCeq(T)	household compositon commodity consumption
HCFOC(C, T)	first-order condition for household consumption
YGeq(T)	government total income

```
DGeq(T)             difference of government revenue
EGeq(T)             government total expenditure
GSAVeq(T)           government saving

QINVeq(C, T)        quantity of investment
IPIeq(T)            investment price index
QGeq(C, T)          quantity of government consumption
GPIeq(T)            gov't consumption price index
QDSTeq(C, T)        quantity of stock
SPIeq(T)            stock price index

LABequil(T)         labor market equilibrium
CAPequil(T)         capital market equilibrium
COMequil(C, T)      commodity market equilibrium
CURBAL(T)           current account balance
SAVINVBAL(T)        savings-investment balance
GDPeq(T)            GDP in each year

KSeq(T)             capital accumulation function
;
*==============================================
* 1. Production and trade block
*==============================================
*====================
* CES function for activity
*====================
QAeq(A, TT)..
QA(A, TT) =E= alphaa(A) * (deltaa(A) * QVA(A, TT) ** rhoa(A) + (1 - deltaa(A)) * QINTA(A, TT) ** rhoa(A)) ** (1/rhoa(A));

PVAeq(A, TT)..
(1 - ta(A, TT) - tx(A, TT)) * PA(A, TT) * QA(A, TT) =E= PVA(A, TT) * QVA(A, TT) + PINTA(A, TT) * QINTA(A, TT);
```

```
QAFOC(A,TT)..
deltaa(A)/(1-deltaa(A)) =E= PVA(A,TT) * QVA(A,TT) ** (1-
rhoa(A))/(PINTA(A,TT) * QINTA(A,TT) ** (1-rhoa(A)));

*===================
* demand for intermediate commodity
*===================
QINTeq(C,A,TT) $ ica(C,A)..
QINT(C,A,TT) =E= ica(C,A) * QINTA(A,TT);

PINTAeq(A,TT)..
PINTA(A,TT) =E= SUM(C, ica(C,A) * PQ(C,TT));

*===================
* CES function for value added
*===================
QVAeq(A,TT)..
QVA(A,TT) =E= alphava(A) * (deltava(A) * (lamdal(TT) * LD(A,
TT)) ** rhova(A) + (1-deltava(A)) *
(lamdak(TT) * KD(A,TT)) ** rhova(A)) ** (1/rhova(A));

FDISeq(A,TT)..
(1-tva(A,TT)) * PVA(A,TT) * QVA(A,TT) =E= WAGE(TT) * LD
(A,TT) + PK(A,TT) * KD(A,TT);

QVAFOC(A,TT)..
deltava(A)/(1-deltava(A)) =E= WAGE(TT) * (lamdal(TT) * LD(A,
TT)) ** (1-rhova(A))/((PK(A,TT)) * (lamdak(TT) * KD(A,TT)) ** (1-
rhova(A)));

*===================
* CES function for composition of capital
```

```
*====================
KDeq1(A,TT) $ NK0(A)..
KD(A,TT) =E= alphak(A) *(deltak(A) * FK(A,TT) ** rhok(A) +(1 -
deltak(A)) * NK(A,TT) ** rhok(A)) **(1/rhok(A));

KDeq2(A,TT) $(NOT NK0(A))..
KD(A,TT) =E= FK(A,TT);

PKeq(A,TT)..
(PK(A,TT) - dept(A) * IPI(TT)) * KD(A,TT) =E=(1 + tfk(A,TT)) *
RK(TT) * FK(A,TT) +(1 + tnk(A,TT)) * RK(TT) * NK(A,TT);

KDFOC(A,TT) $ NK0(A)..
deltak(A)/(1 - deltak(A)) =E= (1 + tfk(A,TT)) * RK(TT) * FK(A,
TT) **(1 - rhok(A))/((1 + tnk(A,TT)) * RK(TT) * NK(A,TT) **(1 - rhok
(A)));

DEPeq(TT)..
DEP(TT) =E= SUM(A, dept(A) * KD(A,TT));

*====================
* commodity production of activity
*====================
QXACeq(A,C,TT) $ theta(A,C)..
QXAC(A,C,TT) =E= theta(A,C) * QA(A,TT);

PAeq(A,TT)..
PA(A,TT) =E= SUM(C, theta(A,C) * PXAC(A,C,TT));

*====================
* CES function for commodity output
*====================
QXeq(C,TT)..
```

```
QX(C, TT) =E= SUM(A, deltaac(A, C) * QXAC(A, C, TT) ** rhoac
(C)) ** (1/rhoac(C));

QXACFOC(A, C, TT) $ deltaac(A, C)..
PXAC(A, C, TT) * QXAC(A, C, TT) ** (1 - rhoac(C)) =E= deltaac(A,
C) * PX(C, TT) * QX(C, TT) ** (1 - rhoac(C));

*===================
* CET transformation
*===================
CETeq1(C, TT) $ QE0(C)..
QX(C, TT) =E= alphat(C) * (deltat(C) * QE(C, TT) ** rhot(C) + (1 -
deltat(C)) * QD(C, TT) ** rhot(C)) ** (1/rhot(C));

CETeq2(C, TT) $ (NOT QE0(C))..
QX(C, TT) =E= QD(C, TT);

PXeq(C, TT)..
PX(C, TT) * QX(C, TT) =E= PE(C, TT) * QE(C, TT) + PD(C, TT) * QD
(C, TT);

QEFOC(C, TT) $ QE0(C)..
deltat(C)/(1 - deltat(C)) =E= PE(C, TT) * QE(C, TT) ** (1 - rhot
(C))/(PD(C, TT) * QD(C, TT) ** (1 - rhot(C)));

*===================
* Armingtion composition
*===================
QQeq1(C, TT) $ QM0(C)..
QQ(C, TT) =E= alpham(C) * (deltam(C) * QM(C, TT) ** rhom(C) + (1 -
deltam(C)) * QD(C, TT) ** rhom(C)) ** (1/rhom(C));

QQeq2(C, TT) $ (NOT QM0(C))..
```

```
QQ(C,TT) =E= QD(C,TT);

PQeq(C,TT)..
(1-tq(C,TT)) * PQ(C,TT) * QQ(C,TT) =E= PM(C,TT) * QM(C,TT) +
PD(C,TT) * QD(C,TT);

QQFOC(C,TT)$QM0(C)..
deltam(C)/(1-deltam(C)) =E= PM(C,TT) * QM(C,TT) ** (1-rhom
(C))/(PD(C,TT) * QD(C,TT) ** (1-rhom(C)));

PINDEX(TT)..
CPI(TT) =E= SUM(C, dwts(C) * PQ(C,TT));

*===================
* EXPORT/IMPORT block
*===================
QEeq(C,TT)$QE0(C)..
QE(C,TT) =E= econt(C,TT) * PWE(C,TT) ** sigmae(C);

QMeq(C,TT)$QM0(C)..
QM(C,TT) =E= mcont(C,TT) * PWM(C,TT) ** sigmam(C);

*============
PWEeq(C,TT)$QE0(C)..
EXR(TT) * PWE(C,TT) =E= PE(C,TT) * (1-tvab(C,TT));

PWMeq(C,TT)$QM0(C)..
EXR(TT) * PWM(C,TT) * (1+tf(c,TT)) * (1+tvam(C,TT)) =E= PM
(C,TT);

*============================================
* 2. income and consumption block
*============================================
```

```
CYeq(TT)..
CY(TT) =E=SUM(A, RK(TT) * FK(A, TT)) - ktrrow(TT) * EXR(TT) -
ktrgov(TT) * CPI(TT);

CSAVeq(TT)..
CSAVE(TT) * IPI(TT) =E=(1-CDIST(TT)) * CY(TT);

*============
YLeq(TT)..
YL(TT) =E= SUM(A, WAGE(TT) * LD(A, TT)) + rowtrl(TT) * EXR
(TT);

YHeq(TT)..
YH(TT) =E=YL(TT) +SUM(A, RK(TT) * NK(A, TT)) +cdist(TT) * CY
(TT) +gtrhh(TT) * CPI(TT) +rowtrhh(TT) * EXR(TT);

YDeq(TT)..
YD(TT) =E= YH(TT) - wt(TT) * YL(TT) - rt(TT) * cdist(TT) * CY
(TT);
YIeq(TT)..
YI(TT) =E=YD(TT) +PL(TT) * HL(TT);

HBeq(TT)..
YI(TT) =E=PU(TT) * HU(TT);

PLeq(TT)..
PL(TT) =E=WAGE(TT) * (1 -wt(TT));

*============
PFCeq(TT)..
PFC(TT) =E=IPI(TT) * PHC(TT)/(RK(TT) * gamma);

FCeq(TT)..
```

```
FC(TT) =E= HS(TT) * IPI(TT)/PFC(TT);

*============
HUeq(TT)..
HU(TT) =e= (deltath * TH(TT) ** rhou + deltafc * FC(TT) ** rhou) **
(1/rhou);

PUeq(TT)..
PU(TT) * HU(TT) =e= PTH(TT) * TH(TT) + PFC(TT) * FC(TT);

HUFOC(TT)..
deltath/deltafc =e= PTH(TT) * TH(TT) ** (1 - rhou)/(PFC(TT) * FC
(TT) ** (1 - rhou));

*============
THeq(TT)..
TH(TT) =e= (deltah * HC(TT) ** rhoc + deltal * HL(TT) ** rhoc) **
(1/rhoc);

PTHeq(TT)..
PTH(TT) * TH(TT) =e= PHC(TT) * HC(TT) + PL(TT) * HL(TT);

THFOC(TT)..
deltah/deltal =e= PHC(TT) * HC(TT) ** (1 - rhoc)/(PL(TT) * HL
(TT) ** (1 - rhoc));

DCeq(TT)..
* DC(TT) =E= (HU0 * (1 + gt) ** (tm - 1) - HU(TT)) * PU0;
DC(TT) =E= (TH0 * (1 + gt) ** (tm - 1) - TH(TT)) * PTH0;

*============
HCeq(TT)..
HC(TT) =e= alphahc * prod(CC, QH(CC, TT) ** beta(CC));
```

```
HCFOC(C,TT)..
QH(C,TT) * PQ(C,TT) =e= beta(C) * PHC(TT) * HC(TT);

*============
YGeq(TT)..
YG(TT) =E= SUM(A,tva(A,TT) * PVA(A,TT) * QVA(A,TT)) + SUM
(A,(ta(A,TT) + tx(A,TT)) * PA(A,TT) * QA(A,TT)) + SUM(C,(tf(C,TT) +
tvam(C,TT) * (1 + tf(C,TT))) * QM(C,TT) * PWM(C,TT)) * EXR(TT) + rt
(TT) * cdist(TT) * CY(TT) - SUM(C,tvab(C,TT) * QE(C,TT) * PE(C,TT)) +
SUM(C,tq(C,TT) * PQ(C,TT) * QQ(C,TT)) + wt(TT) * YL(TT) + SUM(A,tfk
(A,TT) * RK(TT) * FK(A,TT) + tnk(A,TT) * RK(TT) * NK(A,TT));

DGeq(TT)..
DG(TT) =E= GC(TT) - GC0 * (1 + gt) ** (tm - 1);
EGeq(TT)..
EG(TT) =E= GC(TT) * GPI(TT);

GSAVeq(TT)..
GSAV(TT) * IPI(TT) =E= YG(TT) + ktrgov(TT) * CPI(TT) - EG(TT) -
gtrhh(TT) * CPI(TT) - gtrrow(TT) * EXR(TT);

*============
QGeq(C,TT)..
QG(C,TT) =E= GC(TT) * icg(C);

GPIeq(TT)..
GPI(TT) =E= sum(C,PQ(C,TT) * icg(C));

*=======
QINVeq(C,TT)..
QINV(C,TT) =E= INV(TT) * ici(C);
```

```
IPIeq(TT)..
IPI(TT) =E= sum(C, PQ(C,TT) * ici(C));

*=======
QDSTeq(C,TT)..
QDST(C,TT) =E= (SC(TT) * IPI(TT)) * ics(C);

SPIeq(TT)..
SPI(TT) =E= sum(C, PQ(C,TT) * ics(C));

*==================================================
* 3. system constrain block
*==================================================
LABequil(TT)..
SUM(A, LD(A,TT)) + HL(TT) =E= TE(TT);

CAPequil(TT)..
sum(A, NK(A,TT) + FK(A,TT)) =E= KS(TT);

COMequil(C,TT)..
QQ(C,TT) =E= SUM(A, QINT(C,A,TT)) + QH(C,TT) + QG(C,TT) +
QINV(C,TT) + QDST(C,TT);

SAVINVBAL(TT)..
HS(TT) + CSAVE(TT) + GSAV(TT) + DEP(TT) + FSAV(TT) * EXR
(TT) =E= INV(TT) + SC(TT) * SPI(TT) + WALRAS(TT);

CURBAL(TT)..
SUM(C, PWM(C,TT) * QM(C,TT)) + gtrrow(TT) + ktrrow(TT) =E=
SUM(C, PWE(C,TT) * QE(C,TT)) + FSAV(TT) * IPI(TT) + rowtrhh(TT) +
rowtrl(TT);

GDPeq(TT)..
```

```
GDP(TT) =E= SUM(C, PQ(C, TT) * QH(C, TT)) + SUM(C, PQ(C, TT)
* QG(C, TT)) + SUM(C, PQ(C, TT) * QINV(C, TT)) + SUM(C, PQ(C, TT) *
qdst(C, TT)) + SUM(C, PE(C, TT) * QE(C, TT)) - SUM(C, PM(C, TT) * QM
(C, TT));

*==================================================
* 4. capital accummulation
*==================================================
KSeq(T) $ (TT(T) AND ORD(T) NE 1)..
KS(T) =E= KS(T-1) + (INV(T-1) - DEP(T-1)) * gamma;

*==================================================
* 5. MODEL DEFINE
*==================================================
MODEL TAXCGE /ALL/;

*==========================================
* fixing variables in mdel at zero
*==========================================
NK.fx(A, T) $ (NK0(A) =0) =0;
QINT.FX(C, A, T) $ (ica(C, A) =0) =0;
QXAC.fx(A, C, T) $ (theta(A, C) =0) =0;
QE.FX(C, T) $ (QE0(C) =0) =0;
QM.FX(C, T) $ (QM0(C) =0) =0;

PXAC.FX(A, C, T) $ (theta(A, C) =0) =1;
PE.FX(C, T) $ (QE0(C) =0) =1;
PM.FX(C, T) $ (QM0(C) =0) =1;
PWE.FX(C, T) $ (QE0(C) =0) =1;
PWM.FX(C, T) $ (QM0(C) =0) =1;

*====================
* increase the tax rate by 0.01 percent for computation of MCF
```

```
*=====================
* Major tax
* ta( AT, '2007') =(1 +0. 1) * ta( AT, '2007');
* tva( VT, '2007') =(1 +0. 1) * tva( VT, '2007');
* tfk( A, '2007') =(1 +0. 1) * tfk( A, '2007');
* tnk( NKT, '2007') =(1 +0. 1) * tnk( NKT, '2007');
* wt( '2007')      =(1 +0. 1) * wt( '2007');
* rt( '2007')      =(1 +0. 1) * rt( '2007');
* other tax
* tx( A, '2007') =(1 +0. 1) * tx( A, '2007');
* tf( C, '2007') =(1 +0. 1) * tf( C, '2007');
* tvam( C, '2007') =(1 +0. 1) * tvam( C, '2007');

*********************************************************
* VAT or BUS tax for industries
* tva( '2a', '2007') =(1 +0. 01) * tva( '2a', '2007');
* tva( '3a', '2007') =(1 +0. 01) * tva( '3a', '2007');
* tva( '4a', '2007') =(1 +0. 01) * tva( '4a', '2007');
* tva( '5a', '2007') =(1 +0. 01) * tva( '5a', '2007');
* ta( '6a', '2007') =(1 +0. 01) * ta( '6a', '2007');
* ta( '7a', '2007') =(1 +0. 01) * ta( '7a', '2007');
* ta( '8a', '2007') =(1 +0. 01) * ta( '8a', '2007');
tva( '9a', '2007') =(1 +0. 01) * tva( '9a', '2007');
* ta( '10a', '2007') =(1 +0. 01) * ta( '10a', '2007');
* ta( '11a', '2007') =(1 +0. 01) * ta( '11a', '2007');
* ta( '12a', '2007') =(1 +0. 01) * ta( '12a', '2007');
* ta( '13a', '2007') =(1 +0. 01) * ta( '13a', '2007');

*********************************************************
* corporate income tax
* tfk( '2a', '2007') =(1 +0. 01) * tfk( '2a', '2007');
* tfk( '3a', '2007') =(1 +0. 01) * tfk( '3a', '2007');
* tfk( '4a', '2007') =(1 +0. 01) * tfk( '4a', '2007');
```

```
* tfk('5a', '2007') = (1 +0.01) * tfk('5a', '2007');
* tfk('6a', '2007') = (1 +0.01) * tfk('6a', '2007');
* tfk('7a', '2007') = (1 +0.01) * tfk('7a', '2007');
* tfk('8a', '2007') = (1 +0.01) * tfk('8a', '2007');
* tfk('9a', '2007') = (1 +0.01) * tfk('9a', '2007');
* tfk('10a', '2007') = (1 +0.01) * tfk('10a', '2007');
* tfk('11a', '2007') = (1 +0.01) * tfk('11a', '2007');
* tfk('12a', '2007') = (1 +0.01) * tfk('12a', '2007');
* tfk('13a', '2007') = (1 +0.01) * tfk('13a', '2007');

*==========================================
* solution for base year
*==========================================
LOOP(S $(ord(S) eq 1),
TT(T) $(ord(T) eq ord(s)) = yes;
tm = 0;
tm = tm + 1;
*============
* VARIABLE INITIALIZATION
*============
QA.L(A, TT)           = QA0(A);
QVA.L(A, TT)          = QVA0(A);
QINTA.L(A, TT)        = QINTA0(A);
PA.L(A, TT)           = PA0(A);
PVA.L(A, TT)          = PVA0(A);
PINTA.L(A, TT)        = PINTA0(A);

QINT.L(C, A, TT)      = QINT0(C, A);

LD.L(A, TT)           = LD0(A);
KD.L(A, TT)           = KD0(A);
DEP.L(TT)             = DEP0;
```

```
WAGE.L(TT)            =WAGE0;
PK.l(A,TT)            =PK0(A);
RK.L(TT)              =RK0;
FK.l(A,TT)            =FK0(A);
NK.l(A,TT)            =NK0(A);

QXAC.L(A,C,TT)        =QXAC0(A,C);
PXAC.L(A,C,TT)        =PXAC0(A,C);

QX.L(C,TT)            =QX0(C);
PX.L(C,TT)            =PX0(C);
QE.L(C,TT)            =QE0(C);
PE.L(C,TT)            =PE0(C);
QD.L(C,TT)            =QD0(C);
PD.L(C,TT)            =PD0(C);

QQ.L(C,TT)            =QQ0(C);
PQ.L(C,TT)            =PQ0(C);
QM.L(C,TT)            =QM0(C);
PM.L(C,TT)            =PM0(C);

CPI.L(TT)             =CPI0;
EXR.L(TT)             =EXR0;

CY.L(TT)              =CY0;
CDIST.L(TT)           =CDIST0;
CSAVE.L(TT)           =CSAVE0;

YL.L(TT)              =YL0;
YH.L(TT)              =YH0;
YD.L(TT)              =YD0;
YI.L(TT)              =YI0;
FC.L(TT)              =FC0;
```

```
PFC. L( TT)          = PFC0;

HU. L( TT)           = HU0;
PU. L( TT)           = PU0;
TH. L( TT)           = TH0;
PTH. L( TT)          = PTH0;

HS. L( TT)           = HS0;
PHC. L( TT)          = PHC0;
HC. L( TT)           = HC0;
HL. L( TT)           = HL0;
PL. L( TT)           = PL0;
QH. L( C, TT)        = QH0( C) ;
DC. L( TT)           = DC0;
PFC. L( TT)          = PFC0;

YG. L( TT)           = YG0;
GTRHH. L( TT)        = GTRHH0;
DG. l( TT)           = DG0;
QINV. L( C, TT)      = QINV0( C) ;
QG. L( C, TT)        = QG0( C) ;
EG. L( TT)           = EG0;
GSAV. L( TT)         = GSAV0;

INV. L( TT)          = INV0;
IPI. L( TT)          = IPI0;
GC. L( TT)           = GC0;
GPI. L( TT)          = GPI0;
SC. L( TT)           = SC0;
SPI. L( TT)          = SPI0;
TE. L( TT)           = TE0;
KS. L( TT)           = KS0;
```

```
QDST.L(C,TT)        =QDST0(C);

FSAV.L(TT)          =FSAV0;

PWM.L(C,TT)         =PWM0(C);
PWE.L(C,TT)         =PWE0(C);

WALRAS.L(TT)        =WALRAS0;
GDP.L(TT)           =GDP0;

*============
*MACRO CLUSRUE
*============
*CPI.FX(TT)         =CPI0;
EXR.FX(TT)          =EXR0;

*GC.fx(TT)          =GC0;
SC.fx(TT)           =SC0;

*CDIST.fx(TT)       =CDIST0;
GTRHH.FX(TT)        =GTRHH0;
CSAVE.fx(TT)        =CSAVE0;
GSAV.fx(TT)         =GSAV0;
FSAV.fx(TT)         =FSAV0;

TE.FX(TT)           =TE0;
KS.fx(TT)           =KS0;
*WALRAS.fx(TT) =WALRAS0;
*============
*SOLVING THE MODEL
*============
OPTIONS ITERLIM=100, LIMROW=0, LIMCOL=0, SOLPRINT=OFF;
TAXCGE.holdfixed=1;
```

```
solve TAXCGE using MCP;
);
* $ ontext
**************************
* solution for long trend
**************************
LOOP(S $(ord(S) gt 1 and ord(S) le card(T)),
TT(T) = yes $(ord(T) eq ord(s));
tm = tm + 1;
*============
* VARIABLE INITIALIZATION
*============
QA.L(A,T) $ TT(T)              = QA.l(A,T-1);
QVA.L(A,T) $ TT(T)             = QVA.l(A,T-1);
QINTA.L(A,T) $ TT(T)           = QINTA.l(A,T-1);
PA.L(A,T) $ TT(T)              = PA.l(A,T-1);
PVA.L(A,T) $ TT(T)             = PVA.l(A,T-1);
PINTA.L(A,T) $ TT(T)           = PINTA.l(A,T-1);

QINT.L(C,A,T) $ TT(T)          = QINT.l(C,A,T-1);

LD.L(A,T) $ TT(T)              = LD.l(A,T-1);
KD.L(A,T) $ TT(T)              = KD.l(A,T-1);

WAGE.L(T) $ TT(T)              = WAGE.l(T-1);
PK.l(A,T) $ TT(T)              = PK0(A);

RK.L(T) $ TT(T)                = RK.l(T-1);
FK.l(A,T) $ TT(T)              = FK.l(A,T-1);
NK.l(A,T) $ TT(T)              = NK.l(A,T-1);

QXAC.L(A,C,T) $ TT(T)          = QXAC.l(A,C,T-1);
PXAC.L(A,C,T) $ TT(T)          = PXAC.l(A,C,T-1);
```

```
QX.L(C,T)$TT(T)        =QX.l(C,T-1);
PX.L(C,T)$TT(T)        =PX.l(C,T-1);
QE.L(C,T)$TT(T)        =QE.l(C,T-1);
PE.L(C,T)$TT(T)        =PE.l(C,T-1);
QD.L(C,T)$TT(T)        =QD.l(C,T-1);
PD.L(C,T)$TT(T)        =PD.l(C,T-1);

QQ.L(C,T)$TT(T)        =QQ.l(C,T-1);
PQ.L(C,T)$TT(T)        =PQ.l(C,T-1);
QM.L(C,T)$TT(T)        =QM.l(C,T-1);
PM.L(C,T)$TT(T)        =PM.l(C,T-1);

CPI.L(T)$TT(T)         =CPI.l(T-1);
EXR.L(T)$TT(T)         =EXR.l(T-1);

CY.L(T)$TT(T)          =CY.l(T-1);
CDIST.L(T)$TT(T)       =CDIST.L(T-1);
CSAVE.L(T)$TT(T)       =CSAVE.l(T-1);

YL.L(T)$TT(T)          =YL.l(T-1);
YH.L(T)$TT(T)          =YH.l(T-1);
YD.L(T)$TT(T)          =YD.l(T-1);
YI.L(T)$TT(T)          =YI.l(T-1);
FC.L(T)$TT(T)          =FC.l(T-1);
PFC.L(T)$TT(T)         =PFC.l(T-1);

HU.L(T)$TT(T)          =HU.l(T-1);
PU.L(T)$TT(T)          =PU.L(T-1);
TH.L(T)$TT(T)          =TH.l(T-1);
PTH.L(T)$TT(T)         =PTH.l(T-1);
DC.l(T)$TT(T)          =DC.l(T-1);
```

```
HS.L(T) $ TT(T)            = HS.l(T-1);
PHC.L(T) $ TT(T)           = PHC.l(T-1);
HC.L(T) $ TT(T)            = HC.l(T-1);
HL.L(T) $ TT(T)            = HL.l(T-1);
PL.L(T) $ TT(T)            = PL.l(T-1);
QH.L(C,T) $ TT(T)          = QH.l(C,T-1);
PFC.L(T) $ TT(T)           = PFC.l(T-1);

YG.L(T) $ TT(T)            = YG.l(T-1);
GTRHH.L(T) $ TT(T)         = GTRHH.L(T-1);
DG.l(T) $ TT(T)            = DG.l(T-1);
QINV.L(C,T) $ TT(T)        = QINV.l(C,T-1);
QG.L(C,T) $ TT(T)          = QG.l(C,T-1);
EG.L(T) $ TT(T)            = EG.l(T-1);
GSAV.L(T) $ TT(T)          = GSAV.l(T-1);

INV.L(T) $ TT(T)           = INV.l(T-1);
IPI.L(T) $ TT(T)           = IPI.l(T-1);
GC.L(T) $ TT(T)            = GC.l(T-1);
GPI.L(T) $ TT(T)           = GPI.l(T-1);
SC.L(T) $ TT(T)            = SC.l(T-1);
SPI.L(T) $ TT(T)           = SPI.l(T-1);

TE.L(T) $ TT(T)            = TE.l(T-1);
KS.L(T) $ TT(T)            = KS.l(T-1);

QDST.L(C,T) $ TT(T)        = QDST.l(C,T-1);

FSAV.L(T) $ TT(T)          = FSAV.l(T-1);

PWM.L(C,T) $ TT(T)         = PWM.l(C,T-1);
PWE.L(C,T) $ TT(T)         = PWE.l(C,T-1);
```

```
WALRAS. L(T) $ TT(T)          = WALRAS. l(T - 1);
GDP. L(T) $ TT(T)             = GDP. l(T - 1);


*============
* MACRO CLUSRUE
*============
* CPI. FX(T) $ TT(T)          = CPI. l(T - 1);
EXR. FX(T) $ TT(T)            = EXR. l(T - 1);

* GC. fx(T) $ TT(T)           = GC. l(T - 1) * (1 + gtrend(T - 1));
SC. fx(T) $ TT(T)             = SC. l(T - 1) * (1 + gtrend(T - 1));

* CDIST. fx(T) $ TT(T)        = CDIST. L(T - 1);
GTRHH. FX(T) $ TT(T)          = GTRHH. L(T - 1) * (1 + gtrend(T - 1));
CSAVE. fx(T) $ TT(T)          = CSAVE. L(T - 1) * (1 + gtrend(T - 1));
GSAV. fx(T) $ TT(T)           = GSAV. L(T - 1) * (1 + gtrend(T - 1));
FSAV. fx(T) $ TT(T)           = FSAV. L(T) * (1 + gtrend(T - 1));

TE. FX(T) $ TT(T)             = TE. l(T - 1) * (1 + glab(T - 1));
KS. FX(T - 1) $ TT(T)         = KS. L(T - 1);
INV. FX(T - 1) $ TT(T)        = INV. L(T - 1);
DEP. fx(T - 1) $ TT(T)        = DEP. L(T - 1);

* WALRAS. fx(T) $ TT(T) = WALRAS. L(T - 1);
*============
* SOLVING THE MODEL
*============
OPTIONS ITERLIM = 10, LIMROW = 0, LIMCOL = 0, SOLPRINT = OFF;
TAXCGE. holdfixed = 1;
solve TAXCGE using MCP;
);
* $ ontext
*============
```

```
* computation of MCP( Marginal cost of public funds)
*============
parameter cgt( T) , ggt( T) ;

cgt( T)  $ ( ord( T) ne 1)  = DC. l( T) / DC. l( T - 1)  - 1;
ggt( T)  $ ( ord( T) ne 1)  = DG. l( T) / DG. l( T - 1)  - 1;

EV( TI)  = SUM( T, DC. l( T) /( 1  + disct)  *  * ( ord( T)  - 1) )  + ( 1  + cgt
( TI) )  * DC. l( TI) /( ( disct - cgt( TI) )  * ( 1 + disct)  *  * ( card( T)  - 1) ) ;
GR( TI)  = SUM( T, DG. l( T) /( 1  + disct)  *  * ( ord( T)  - 1) )  + ( 1  + ggt
( TI) )  * DG. l( TI) /( ( disct - ggt( TI) )  * ( 1 + disct)  *  * ( card( T)  - 1) ) ;
MCF( TI)  = EV( TI) / GR( TI) ;
```

参考文献

[1]国家统计局.2008年中国统计年鉴[M].北京:中国统计出版社,2008.

[2]中国税务年鉴编辑委员会.2008年中国税务年鉴[M].北京:中国税务出版社,2008.

[3]中国财政年鉴编辑委员会.2008年中国财政年鉴[M].北京:中国财政出版社,2008.

[4]蒋洪,朱萍.财政学[M].上海:上海财经大学出版社,2000.

[5]陈波.中国税收超额负担分析[D].中国人民大学,1999.

[6]陈波,邢丽.应深入研究我国税收超额负担问题[J].财政研究,1998(12).

[7]郝春虹.税收超额负担分析[J].税务与经济,2001(4).

[8]郝春虹.现行主要税种税收超额负担分析[J].中央财经大学学报,2001(5).

[9]胡怡建.税收学[M].上海:上海财经大学出版社,1999.

[10]钟契夫.投入产出分析[M].北京:中国财政经济出版社,1993.

[11]邵汉青,钟契夫.投入产出法(部门联系平衡法)概论[M].北京:中国人民大学出版社,1993.

[12]里昂惕夫.投入产出经济学[M].北京:商务印书馆,1980.

[13]罗光,萧艳汾.考虑税收遵从成本的逃税模型研究[J].税务研究,2007(1).

[14]杨志安,韩娇.降低我国税收遵从成本的途径选择[J].税务研究,2006(1).

[15]李文．逃税的经济分析[J]．涉外税务,2002(12).

[16]雷根强,沈峰．简论税收遵从成本[J]．税务研究,2002(7).

[17]阮家福,冯绍武．对偷税行为决策的分析及启示[J]．税务研究,2007(3).

[18]阮家福．论我国税收不遵从的现状、成因与对策[J]．当代财经,2005(1).

[19]刘明．中国税收福利成本的测量与分析[J]．山西财经大学学报,2009(1).

[20]刘明．中国公共资金边际成本估量与分析[J]．财经论丛,2009(6).

[21]李飞,李怡君．我国税收征收成本分析[J]．税务研究,2008(6).

[22]谢芬芳．政府税收行政效率的现状分析[J]．湖南商学院学报,2006(12).

[23]沈峰．浅谈税收的服从成本[J]．浙江财税与会计,2002(4).

[24]李俊彬,李年．降低税收成本提高征管效率的调查与思考[C]//1999—2000年全国优秀税收科研成果获奖论文集．北京:中国税务出版社,2001.

[25]李雪松．一个中国经济多部门动态的CGE模型[J]．数量经济技术经济研究,2000(12).

[26]李善同,翟凡．结构变化与污染排放,可持续发展与经济结构[M].北京:科学出版社,1999.

[27]翟凡．中国经济的可计算一般均衡建模与仿真[D]．华中理工大学,1997.

[28]宣晓伟．用CGE模型分析征收硫税对中国经济的影响[D]．北京大学,2003.

[29]杨得前．税收遵从的理论研究及其在税收管理中的应用[D]．上海理工大学,2006.

[30]程森．我国税收成本优化问题研究[D]．东北财经大学,2005.

[31]张美萍．税收成本分析[D]．浙江大学,2004.

[32]麻勇爱．纳税人遵从理论及其借鉴意义[J]．涉外税务,2002(4).

[33]雷根强,沈峰．简论税收遵从成本[J]．税务研究,2002(7).

[34]钱淑萍．税收的征纳成本与行政效率[J]．税务研究,2002(5).

[35]包基智,熊东茂．影响征税成本的因素分析与对策探讨[J]．扬州

大学税务学院学报,2001(11).

[36]童大龙. 关于税收成本的探讨[J]. 经济问题研究,2000(1).

[37]李林. 国外税收遵从成本研究评述[J]. 涉外税务,2004(8).

[38]宋雪飞. 税收成本问题的探讨[J]. 福建税务,2001(12).

[39]刘宛晨. 税收征收成本问题的分析与思考[J]. 财经理论与实践,2000(104).

[40]李木林. 国外税收遵从成本研究述评[J]. 涉外税务,2004(8).

[41]顾长松,程玉松,任洪彬. 提高税收效率的探析[J]. 税务研究,2002(9).

[42]张秀莲. 对控制我国税收成本的研究[J]. 税务与经济,2005(2).

[43]顾长松,程玉松,任洪彬. 提高税收效率的探析[J]. 税务研究,2002(9).

[44]于海峰. 中国现行税制税收运行成本分析[M]. 北京:中国财政经济出版社,2003.

[45]樊明太. 中国CGE模型及政策分析[M]. 北京:社会科学文献出版社,1999.

[46] Adams Philip D, Higgs Peter J. Calibration of Computable General Equilibrium Models from Synthetic Benchmark Equilibrium Data Sets[J]. The Economic Record, The Economic Society of Australia, 1990, 66(193): 110-126.

[47] Aiyagari. Optimal Capital Income Taxation with Incomplete Markets, Borrowing Constraints, and Constant Discounting [J]. Journal of Political Economy, 1995, 103(6): 1158-1175.

[48] Armington P. A Theory of Demand for Products Distinguished by Place of Production[R]. IMF Staff Papers 16, 1969: 159-178.

[49] Atkinson Anthony B, Nicholas H Stern. Pigou, Taxation, and Public Goods[J]. Review of Economic Studies, 1974, 41: 119-128.

[50] Auerbach Alan J, Kotlikoff Laurence J. Dynamic Fiscal Policy[M]. Cambridge: The University Press, 1987.

[51] Auerbach A J. The Theory of Excess Burden and Optimal Taxation [M]//Auerbach A J, Feldstein M. Handbook of Public Economics, Vol. 1. Amsterdam: Elsevier, 1985.

[52] Auerbach Alan J, Hines, J. R., Jr. Taxation and Economic Efficiency [M]//Auerbach A J, Feldstein M, Feldstein, M, Handbook of Public Economics,

Vol. 3. ,North Holland,2002:1348 – 1421.

[53] Ballard Charles L. Marginal Welfare Cost Calculations: Differential Analysis vs. Balanced-Budget Analysis[J]. Journal of Public Economics, 1990, 41:263 – 276.

[54] Ballard Charles L. How Many Hours are in a Simulated Day The Effects of Time Endowment on the Results of Tax-Policy Simulation Models[R]. Department of Economics, Michigan State University Working Paper, 2012.

[55] Ballard Charles L, Fullerton Don. Distortionary Taxes and the Provision of Public Goods[J]. Journal of Economic Perspertive, 1992, 6:117 – 131.

[56] Ballard Charles L, Fullerton Don, John B Shoven, John Whalley. A General Equilibrium Models for Tax Policy Evaluation[M]. Chicago: University of Chicago Press, 1985.

[57] Ballard Charles L, John B. Shoven, John Whalley. The Welfare Cost of Distortions in the United States Tax System: A General Equilibrium Approach [R]. NBER working paper, No. 1043, 1982.

[58] Ballard Charles L, John B Shoven, John Whalley. General Equilibrium Computations of the Marginal Welfare Costs of Taxes in the United States[J]. American Economic Review, 1985, 75:128 – 138.

[59] Browning Edgar K. The Marginal Cost of Public Funds[J]. Journal of Political Economy, 1976, 84:283 – 298.

[60] Browning Edgar K. On the Marginal Welfare Cost of Taxation[J]. American Economic Review, 1987, 77:11 – 23.

[61] Browning Edgar K. The Non-tax Wedge[J]. Journal of Public Economics, 1994, 53:419 – 433.

[62] Browning Edgar K, Gronberg Timothy, Liu Liqun. Alternative Measures of the Marginal Cost of Funds[J]. Economic Inquiry, 2000, 38(4):591 – 599.

[63] Campbell. Deadweight Loss and Commodity Taxation in Canada[J]. The Canadian Journal of Economics, 1975, 8(3):441 – 447.

[64] Chris Evans. The Operating Costs of Taxation: a Review of the Research [J]. Economic Affairs, 2001:5 – 9.

[65] Creedy John. Measuring Welfare Changes and the Excess Burden of Taxation[J]. Bullertin of Economic Research, 2000, 52(1):1 – 44.

[66] Creedy John. The Excess Burden of Taxation[J]. The Australian

Economic Review,2004,37(4):454 - 64.

[67] Dahlby Bev. Progressive Taxation and the Social Marginal Cost of Public Funds[J]. Journal of Public Economics,1998,67:105 - 122.

[68] Dahlby B. The Marginal Cost of Public Funds with Involuntary Unemployment[R]. Department of Economics, University of Alberta Working Paper Series 2005 - 13,2005.

[69] Dahlby B. The marginal cost of public funds: theory and applications [M]. Cambridge, Mass: MIT Press,2008.

[70] Defourny, Thorbecke. Structural Path Analysis and Multiplier Decomposition within a Social Accounting Matrix Framework[J]. The Economic Journal, 1984:111 - 136.

[71] Dervis K, de Melo J, Robinson S. General Equilibrium Models for Development Policy[M]. Cambridge: Cambridge University Press,1982.

[72] Devarajan Shantayanan, Karen E. Thierfeler. The Marginal Cost of Public Funds in Developing Countries[M]//Policy Evaluations with Computable General Equilibrium Models. London, New York: Routledge Press, 2001.

[73] Dixon P B, Parmenter B R, Powell A A, Wilcoxen P J. Notes and Problems in Applied General Equilibrium Economics[M]. Amsterdam, North-Holland,1992.

[74] Dupuit Jules. On the Measurement of the Utility of Public Works, as translated in: Kenneth J. Arrow and Tibor Scitovsky, eds. , AEA reading in welfare economics[C],1969.

[75] Feldstein Martin. How Big Should Government Be? [J]. National Tax Journal,1997,50(2):197 - 213.

[76] Feldstein Martin. Tax Avoidance and the Deadweight Loss of the Income Tax[J]. American Economic Review,1999,81(4):674 - 680.

[77] Freebairn John. Reconsidering the Marginal Welfare Cost of Taxation [J]. The Economic Record,1995,71(213):121 - 131.

[78] Fullerton Don. Which Effective Tax Rate? [J]. National Tax Journal, 1984,37:23 - 41.

[79] Fullerton D, Shoven J B, Whalley J. Replacing the U. S. Income Tax with a Progressive Consumption Tax: A Sequenced General Equilibrium Approach [J]. Journal of Public Economics,1983,20:3 - 23.

[80] Fullerton Don. Transition Losses of Partially Mobile Industry Specific Capital[J]. The Quarterly Journal of Econimics, 1983, 98(1): 107 – 125.

[81] Fullerton Don. Reconciling Recent Estimates of the Marginal Welfare Cost of Taxation[J]. American Economic Review, 1991, 81(1): 302 – 308.

[82] Fullerton Don, Yolanda K Henderson. The Marginal Excess Burden of Different Capital Tax Instruments[J]. Review of Economics and Statistics, 1989, 71: 435 – 442.

[83] Gahvari Firouz. On the Marginal Cost of Public Funds and the Optimal Provision of Public Goods[J]. Journal of Public Ecnomics, 2006, 90: 1251 – 1261.

[84] Golan A, Vogel S. Estimation of Non-Stationary Social Accounting Matrix Coefficients with Supply-Side Information [J]. Economic Systems Research, 2000, 12(4): 447 – 471.

[85] Greenaway D, Leyborne S J, Reed G V, Whalley J. Applied General Equilibrium Modeling: Applications: Limitation and Future Development [M]. London: HMSO, 1993.

[86] Gruber Jon, Emmanuel Saez. The Elasticity of Taxable Income: Evidence and Implications[J]. Journal of Public Economics, 2002, 84: 1 – 32.

[87] Hansson Ingemar, Stuart Charles. Welfare Costs Per Dollar of Additional Tax Revenue in the United States[J]. Journal of Public Ecnomics, 1985, 27(3): 331 – 353.

[88] Hansson Ingemar. Marginal Cost of Public Funds for Different Tax Intruments and Government[J]. Scand Journal Ecnomics, 1984, 86(2): 115 – 130.

[89] Harberger Arnold C. The Incidence of the Corporation Income Tax[J]. Journal of Politital Economy, 1962, 70: 215 – 240.

[90] Hertel Thomas W. Global Trade Analysis: modeling and applications [M]. Cambridge, Cambridge University, 1997.

[91] Johanson. A Multi-Sectoral Study of Economic Growth[M]. North-Holand, Amesterdam, 1960.

[92] Jorgenson Dale W, Yun Kun-Young. The Excess Burden of Taxation in the United States[J]. Journal of Accounting, Auditing and Finance, 1991, 6(4): 487 – 508.

[93] Kay J A. The Deadweight Loss from a Tax System[J]. Journal of Public Economics, 1980, 13: 111 – 120.

[94] Kay John, Keen Michael. Measuring the Inefficiencies of Tax Systems [J]. Journal of Public Economics, 1988, 35: 265 – 287.

[95] Kaplow Iouis. The Optimal Supply of Public Goods and the Distortionary Cost of Taxation[J]. National Tax Journal, 1996, 49(4): 513 – 533.

[96] King, Mervyn A. A Pigovian Rule for the Optimum Provision of Public Goods[J]. Journal of Public Economics, 1986, 30: 273 – 291.

[97] Kleven H J, Kreiner C T. The Marginal Cost of Public Funds: Hours of Work versus Labor Force Participation[J]. Journal of Public Economics, 2006, 90: 1955 – 1973.

[98] Liu Liqun. A Marginal Cost of Funds Approach to Multi-period Public Project Evaluation: Implications for the Social Discount Rate[J]. Journal of Public Economics, 2003, 87: 1707 – 1718.

[99] Liu Liqun. The Marginal Cost of Funds and the Shadow Prices of Public Sector Inputs and Outputs[J]. International Tax and Public Finance, 2004, 11: 17 – 29.

[100] Lockwood Ben. Imperfect Competition, the Marginal Cost of Public Funds and Public Goods Supply[J]. Journal of Public Economics, 2003, 87: 1719 – 1746.

[101] Lofgren, Harris, Robinson. A Standard Computable General Equilibruim Model in GAMS[R]. IFPRI, 2002.

[102] Mayshar Joram. On Measures of Excess Burden and Their Application [J]. Journal of Public Economics, 1990, 43: 263 – 289.

[103] Mayshar Joram. On Measuring the Marginal Cost of Funds Analytically [J]. American Economic Review, 1991, 81(5): 1329 – 1335.

[104] Mirrlees J A. An Exploration in the Theory of Optimal Income Taxation[J]. Review of Economic Studies, 1971, 38: 175 – 208.

[105] Musgrave Richard A. Cost-Benefit Analysis and The Theory of Public Finance[J]. Journal of Economic Literature, 1969, 7(7): 797 – 806.

[106] Musgrave Richard A. The Theory of Public Finance[M]. New York: McGraw-Hill, 1959.

[107] Ng Yew-Kwang. The Optimal Size of Public Spending and the Distortionary Cost of Taxation[J]. National Tax Journal, 2000, 53(2): 253 – 272.

[108] Pigou Arthur C. A Study in Public Finance [M]. Third Edition.

London: Macmillan, 1947.

[109] Piggott J, Whalley J, eds. New Developments in Applied General Equilibrium Analysis[M]. Cambridge: Cambridge University Press, 1985.

[110] Pyatt G, Round J I, eds. Social account matrices: A basis for planning [M]. Washington: The World Bank, 1985.

[111] Pyatt Graham. A SAM Approach to Modeling[J]. Journal of Policy Modeling, Fall 1988, 10: 327 - 352.

[112] Pyatt Graham. SAMs, the SNA and National Accounting Capabilities [J]. Review of Income and Wealth, Blackwell Publishing, 1991, 37(2): 177 - 198.

[113] Pyatt Graham. Fundamentals of Social Accounting [J]. Economic Systems Research, Taylor and Francis Journals, 1991, 3(3): 315 - 341.

[114] Round. Constructing SAMs for Development Policy Analysis: Lessons Learned and Challenges Ahead[J]. Jeffrey Round Economic Systems Research, 2003, 15(2): 161 - 183.

[115] Graham Pyatt, Jeffery I Round. Social Accounting Matrices-A Basis for Planning[C]//A World Bank Symposium, 1990.

[116] Pyatt, Round. Accounting and Fixed price Multipliers in A Social Accounting Matrix Framework[J]. The Economic Journal, 1979, 89: 850 - 873.

[117] Herbert E Scarf. On the Computation of Equilibrium Prices[R]. Cowles Foundation Discussion Papers 232, 1967.

[118] Scarf H E, Shoven J B. Applied general equilibrium analysis[M]. Cambridge: Cambridge University Press, 1984.

[119] Shoven J B, Whalley J. A General Equilibrium Calculation of the Effects of Differential Taxation of Income from Capital in the U. S[J]. Journal of Public Economics, 1972, 1: 281 - 321.

[120] Shoven J B, Whalley J. Applied General Equilibrium Models of Taxation and International Trade: An Introduction and Survey[J]. Journal of Economic Literature, 1984, 22: 1007 - 1051.

[121] Shoven J B, Whalley J. Applying general equilibrium [M]. Cambridge: Cambridge University Press, 1992.

[122] Robinson Sherman, Cattaneo Andrea, EI-Said Moataz. Updating and Estimating a Social Accounting Matrix Using Cross Entropy Methods [J]. Economic Systems Research, 2001, 13(1): 47 - 64.

[123]Rutherford Thomas T. Calibratin the GEMTAP Final Demand System [EB/OL]. http://www. mpsge. org /bfsw. pdf, lecture notes, 1990.

[124] Samuelson Paul A. The Pure Theory of Public Expenditure [J]. Review of Economics and Statistics, 1954, 36: 387 – 389.

[125]Saez Emmanuel, Slemrod Joel B, Giertz Seth H. The Elasticity of Taxable Income with Respect to Marginal Tax Rates: A Critical Review[R]. NBER Working Paper No. w15012, May 2009.

[126]Sandmo Agnar. Redistribution and the Marginal Cost of Public Funds [J]. Journal of Public Economics, 1998, 70: 365 – 382.

[127]Slemrod Joel, Yitzhki Shlomo. The Costs of Taxation and the Marginal Efficiency Cost of Funds[J]. IMF Staff Papers, 1996, 43(1): 172 – 198.

[128] Slemrod Joel, Yitzhki Shlomo. Intergrating Expenditure and Tax Decisions: The Marginal Cost of Funds and the Marginal Benefit of Projects[J]. National Tax Journal, 2001, 54: 184 – 201.

[129]Snow Arthur, Warren Ronald S. The Marginal Welfare Cost of Public Funds: Theory and Estimates[J]. Journal of Public Economics, 1996, 61: 289 – 305.

[130]Stone R. The disaggregation of the household sector in the national accounts[M]//Pyatt G, Round J I. , ed. Social Accounting Matrices: A Basis for Planning. Washington: The World Bank, 1985: 145 – 185.

[131]Stone R. The Accounts of Society[J]. Journal of Applied Econometrics, 1986, 1(1): 5 – 28.

[132]Stiglitz Joseph E. Taxation, Corporate Financial Policy, and the Cost of Capital[J]. Journal of Public Economics, 1973, 2(1): 1 – 34.

[133]Stuart Charles E. Welfare Costs Per Dollar of Additional Tax Revenue in the United States[J]. American Economic Review, 1984, 74: 352 – 362.

[134]Triest Robert. The Relationship Between the Marginal Cost of Public Funds and Marginal Excess Burden[J]. American Economic Review, 1990, 80 (3): 557 – 566.

[135] Warlters Michael, Auriol Emmanuelle. The Marginal Cost of Public Funds in Africa[R]. Working Paper 3679, World Bank Policy Research, 2005.

[136] Wildasin David E. On Public Good Provision with Distortionary Taxation[J]. Economic Inquiry, 1984, 22: 227 – 243.

[137] Wilson John Douglas. Optimal Public Good Provision with Limited

Lump-Sum Taxation[J]. American Economic Review,1991,81:153 – 166.

[138] Yitzhaki Shlomo. A Note on Optimum Taxation and Administrative Costs[J]. American Ecnomic Review,1979,69(3):475 – 480.

[139]Slemrod Joel,Yitzhki Shlomo. The Costs of Taxation and the Marginal Efficiency Cost of Funds[R]. IMF Staff Papers,1996,43(1):172 – 198.

[140] Slemrod Joel,Yitzhaki Shlomo. Tax avoidance,evasion,and administration[H]//and book of Public Economics. Auerbach A. J, Feldstein M, ed. Handbook of Public Economics,Elsevier,2002:1423 – 1470,.

[141]Arrow K J,Debreu G. Existence of an Equilibrium for a Competitive Economy[J]. Econometrica,1954,22:265 – 290.

[142] Pyatt G. A SAM Approach to Modeling[J]. Journal of Policy Modeling,1988,10(3):327 – 352.

[143]Pyatt G. Fundamentals of Social Accounting[J]. Economic Systems Research,1991a,3(3):315 – 341.

[144]Pyatt G. SAMs,the SNA and National Accounting Capabilities[J]. Review of Income and Wealth,1991b,37(2):177 – 198.

[145]Pyatt G,Round J I. Accounting and Fixed Price Multipliers in a Social Accounting Matrix Framework[J]. The Economic Journal, 1979, 89(12): 850 – 873.

[146]O'Donoghue,Rabin M. Studying Optimal Paternalism,Illustrated by a Model of Sin Taxes[J]. American Economic Review(Papers and Proceedings), 2003,93(2):186 – 191.

[147] O'Donoghue, Rabin M. Optimal Sin Taxes[J]. Journal of Public Economics,2006,90:1825 – 18.